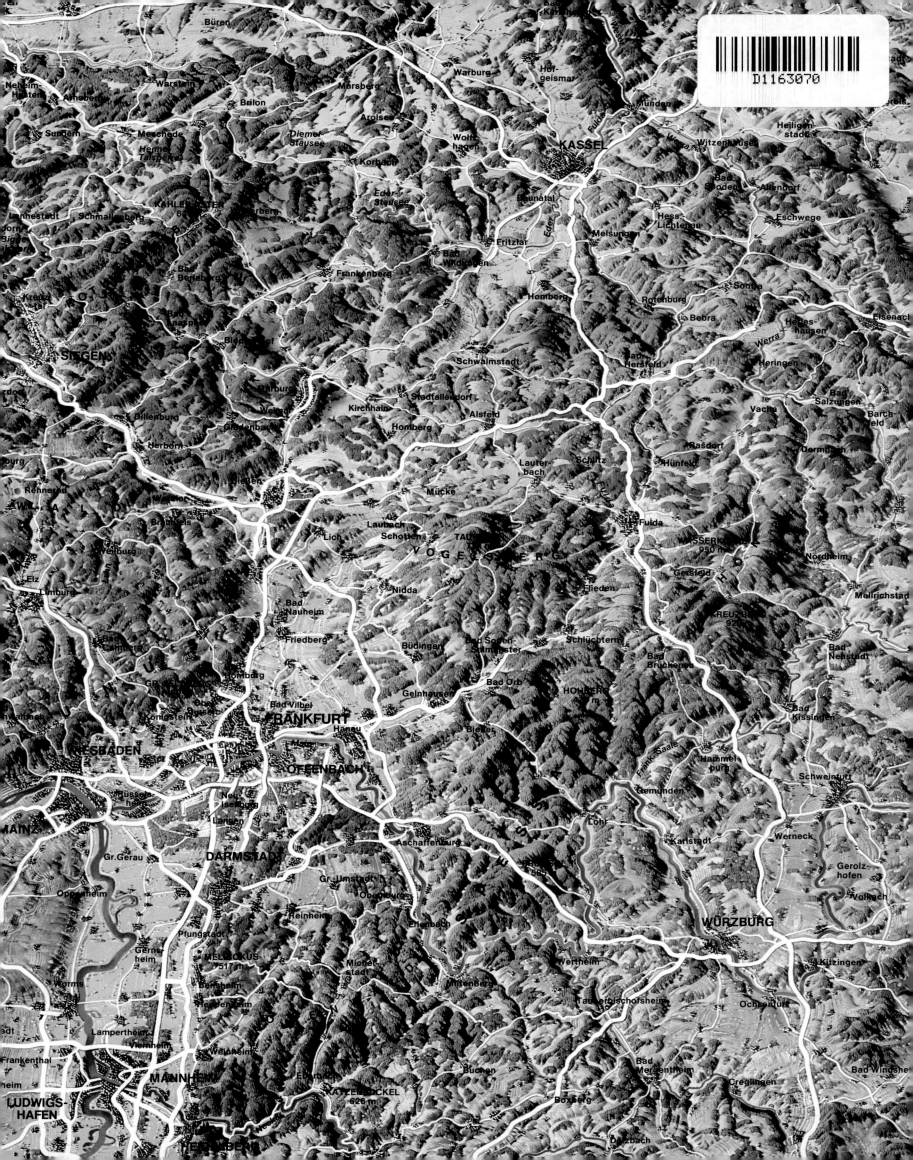

BILDFOLGE — Bilderreise durch HESSEN
Contents — journey through HESSE
Contenu — circuits touristiques à travers la HESSE

HESSEN
Im Herzen Deutschlands

HESSEN
Im Herzen Deutschlands

TEXT: Wolfgang Boller

FOTOGRAFIE:
Werner Otto
Karl Kinne
Anton Kaiser
Bernhard Lisson/Deutsche Luftbild
Joh. Philipp Gottschalk
Stuttgarter Luftbild Elsässer

 Ziethen Verlag

HORST ZIETHEN VERLAG

©Copyright 1990 by:
HORST ZIETHEN VERLAG
D-5000 Köln 50, Unter Buschweg 17

2. Auflage 1991

Gesamtherstellung:
Offset-Farbdruck Horst Ziethen
D-5000 Köln 50, Unter Buschweg 17
Telefon: (0 22 36) 6 10 28

Printed in Germany

Redaktion und Buchgestaltung: Horst Ziethen
Textautor u. redaktionelle Beratung: Wolfgang Boller
Englisch-Übersetzung: Jess Nierenberg
Französisch-Übersetzung France Varry

ISBN 3-921268-60-5

Bildnachweis auf der letzten Seite

Ein Ländchen wie ein Eichenblatt

Der alte Wäldergott war's, der gern mit Hinkelsteinen spielt und durch Fingerhutlichtungen watet, der Gott der Heiden und Hochmoore, der Auerhähne und Libellen. Er sieht aus wie ein Förster oder Köhler, wie ein Holzrücker oder Kräutersammler, spricht mit den Zaunkönigen und schaut den Ameisen zu. Sein Bart ist verklebt von wildem Honig und dunkelbraunem Harz, sein Atem riecht nach dem Duft von Brombeeren an heißen Sommertagen. Er war's.

Einmal, als er der Meere und Berge müde geworden war, als er sich sattgesehen hatte an Unendlichkeiten und Abgründen, empfand er die Bedrohung, die von ihnen ausging. Mit ihnen gab es kein Leben ohne Furcht. Da schuf er das Ländchen.

Er schuf das Ländchen in einer heiteren Regung. Nach dem Gesetz seines schwankenden Maßes entstand ein grünes Land mit Wäldern und glitzernden Flüssen, weiten Tälern für Städte, Waldwinkeln für entlegene Weiler. Der große Gärtner bevorzugte die sanften Formen und die milden Farben. Er ließ die Täler nicht versinken und die Berge nicht in den Himmel wachsen und überschüttete beide doch mit Frühlingsblüten und Schneekristallen. Zur nämlichen Zeit erfand er die Harmonie und den Kontrast. Lächelnd versöhnte er die Extreme. Neugierig wurde er auf sich selbst.

Am liebsten modellierte er im Buntsandstein, auch in Schiefer und Gneis. Er glättete die Hochebenen und Kuppen und ließ doch genug Felsschroffen stehen für Wachttürme und Burgen. Er töpferte Senken für Kornkammern und brannte Sonnenterrassen für Reben. Das Werk sollte gesegnet sein: ein grasgrünes, tannendunkles, basaltgraues Ländchen mit Brot und Wein, Mandelblüten und Rosen. Und er gab der Sonne und den Wolken Einsätze wie ein Dirigent.

Dem Ländchen gab er die Gestalt eines Eichenblatts, ordnete die Rinnsale gleich Blattrippen oder Handlinien. Er zeichnete ihnen das Bett bis hinunter zu den Strömen im Norden und Süden, wies auch den Stürmen den Weg und ließ in Wiesentälern und an Hügelflanken salzige, heiße Quellen springen.

Und er sah, daß ihm alles zum besten gelungen war: ein Ländchen wie ein Eichenblatt mit einem Wald aus vielen Wäldern, mit sanften Gebirgsriegeln und fruchtbaren Senken, mit sonnendurchglühten Flußtälern und windgepeitschten Hochplateaus, mit eiskalten Bergquellen und kochend heißen Brunnen aus dem Innern der Erde. Da sagte er sich, daß er wohl gespannt sein könnte zu sehen, was die Menschen damit anfingen. Er ängstigte sich ein wenig, wenn er an seine Pläne dachte.

Die umstrittene Krone seiner Schöpfung kam ihm schon in den Sinn, aber er hatte die Zeit angestoßen und kannte den Scheffel Ewigkeit, der ihn von seinen ersten Enttäuschungen trennte.

Ehe er sich seinem bewunderungswürdigsten Werk göttlicher Gartenarchitektur auf dem Isthmus der Euphrat- und Tigrisniederung (im heutigen Iran) zuwandte (eine Art himmlischer Bundesgartenschau), suchte er für das Ländchen einen Platz im Zentrum des Landes, das einmal Deutschland heißen würde; mehr noch: in der geographischen Mitte der Länder, die einmal Europa wären, und er legte es mitten hinein wie eine Brücke zwischen zerstrittenen Nachbarn, von Grenzen und Hauptstädten in Ost und West etwa gleich weit entfernt. Man kann darüber vom einen zum anderen feindlichen Ufer gehen. So begann die Geschichte, noch ehe es überhaupt eine Geschichte gab.

Schweren Herzens machte sich der alte Wäldergott sodann an die Arbeit zu seinem endgültigen Meisterstück als der große Gärtner, wohl wissend, daß die Menschen, die er noch nicht erschaffen hatte, des Paradieses nie würden froh werden können.

Das Ländchen aber, das Herzländchen von der Gestalt eines Eichenblatts, nannten seine Bewohner einen Scheffel Ewigkeit später: Hessen.

Hauch des Südens, Biß der Fröste

Zu berichten ist vom Land Hessen mit den Farben rot-weiß und dem zehnmal gestreiften Löwen im blauen Wappenfeld; zu berichten ist von Landschaft und Landwirtschaft, Sonne und Schnee und dem Nabel der Welt. Hessen besteht aus Mittelgebirgen und Kammern. Es ist gegliedert in Bergachsen und Senken zwischen Rhein und Werra, Neckar und Weser, mißt von Nord (Bad Karlshafen) nach Süd (Neckarsteinach) in der Luftlinie rund 250 und von West (Hadamar) nach Ost (Fuldaquelle) 140 Kilometer. Das ist die Entfernung vom Odenwald zum Rheinhardswald und vom Westerwald zur Rhön. Zwischen den Rheingauer Rebenhügeln und den oberhessischen Kartoffelfeldern, zwischen den Getreideflächen der Wetterau und den Zuckerrübenäckern der Schwalm wechselt der Wald nur seine Namen. In Hessen gibt es neun Wälder.

Das Land besteht aus einem Dutzend Landschaften. Hessen vereint die Widersprüchlichkeiten des dritten Schöpfungstags, den Reichtum der Industrielandschaft an Rhein und Main und die bäuerliche Armut des Knüllgebirges, die Gärten im Goldenen Grund und die kalten Herbergen im Untertaunus, die mondänen Kurbäder und die kargen Sommerfrischen, die Spielbanken und die Trachtengruppen, die Künstlervillen der Darmstädter Jugendstilarchitekten und die üppigen Barockschlösser der hessischen Landgrafen von Kassel, die Dome und Hexentürme, die Burgruinen und gläsernen Versicherungspaläste, Riesling von Hochheim und Speyerling von Hochstadt, die Wirtshäuser im Spessart und an der Lahn, die französischsten in Frankfurt ("Hibdebach"), die kulinarischsten in Wiesbaden und die hessischsten in Frankfurt ("Dribdebach"). Jede Landschaft hat ihren eigenen Duft. Dem Geschmack von Apfelblüten und Kornblumen, von Traubenmost und Salzquellen, von Metzelsuppe, Kartoffelfeuer und frischem Brot ist ein Geruch von Tannenzapfen und Moos beigemischt. Hessen ist das waldreicste Land Westdeutschlands. 40 Prozent des Landes sind Wälder, darunter neun Naturparks, 60 Natur- und 524 Landschaftsschutzgebiete.

Die Höhendifferenzen überschreiten keine 1000 Meter. Die höchste Erhebung mißt 950 Meter (Wasserkuppe, Rhön). Der tiefste Punkt wurde in der Westhessischen Senke geortet, eine Steigdrachenentfernung über dem Meer: 71 Meter, Lorchhausen. Hessen ist Ausgleich und Maß, doch der Unterschied von 879 Metern gibt Frösten und Frühlingsboten Quartier im selben Haus. In den Flußtälern weht ein Hauch von Italien. In den Wälderhöhen behauptet der Winter seine frostklirrenden Residenzen, wenn am Flußufer die Blütenknospen platzen. Hochtaunus, Vogelsberg und Rhön sind Wintersportgebiete. Der Schnee bleibt in manchen Jahren drei Monate liegen, im Tal nur Tage oder Stunden. Im Rheingau, sagt man (wie im Breisgau, im Markgräfler Land, am Bodensee und in München), beginnt der Süden. Jedenfalls reifen dort Rieslingreben und Feigen, Edelkastanien und Zitronen (Schloß Johannisberg). An der Bergstraße gibt's Wein, Mandeln und Pfirsiche, im Ried Tabak und Spargel.

Vom Wohlwollen der Schöpfung sind die Provinzen im Inneren des Landes ausgeschlossen. Der Vogelsberg zählt zu den ärmsten Regionen Deutschlands. Er kommt nur ins Gerede, wenn sich ein Landrat mit bedeutenden Beziehungen für eine neue Autorennstrecke einsetzt oder ein Landschaftsfeuilletonist ein gemeinschaftliches Dorfbackhaus entdeckt.

Der Vogelsberg markiert die Mitte des Ländchens und des Landes. Der erloschene Vulkan liegt auf halber Luftlinie zwischen Heppenheim und Hofgeismar (je rund 100 Kilometer), oder zwischen Brüssel und Prag (je 350 Kilometer), oder zwischen Madrid und Helsinki (je 1500 Kilometer). Wenn es den Funktionären der Europäischen Gemeinschaft mit einem Sitz im Zentrum des Spinnennetzes ernst wäre, fänden die Bürokratien der Kommision und des Ministerrates wie auch das Parlament und der Gerichtshof den passenden Baugrund in Herbstein oder in Busenborn am Eichelbach, dem idyllischen Nebenfluß der Nidda.

Vom Kartoffelbauer zum Wirtschaftsgigant

Zu berichten ist weiterhin von hessischen Zahlen und Zahlenverhältnissen, Wirtschaftserfolgen, Statistiken und Superlativen. Die Namen der Städte Wiesbaden und Frankfurt am Main sind unerläßlich.

Hessen ist so groß wie Massachusetts in den USA. Das Land und der Neuenglandstaat haben die gleiche Bevölkerungszahl und Bevölkerunsdichte und auch sonst mancherlei Ähnlichkeiten: das Mittelgebirge, die Wälder, das gemäßigte Klima, die karge Ackerkrume und die präpotente Industriestadt. Selbstverständlich gibt es Unterschiede. Frankfurt am Main ist nicht Boston am Charles River (um nur einen zu nennen). Und Frankfurt ist nicht Wiesbaden. Außerdem fehlt den Flußtälern von Massachusetts die Heiterkeit südlicher Vegetation. Aber sonst: Landflucht und Industriekonzentration, Kulturbewußtsein, Universitäten, Hochschulen, Museen, Bibliotheken... Man kann sagen: Hessen ist ein bißchen Massachusetts und ein bißchen Kalifornien.

Zusammengefaßt: Im Ländchen von 21110 Quadratkilometern gibt es 5,6 Millionen Hessen. Im Verwirrspiel statistischer Erkenntnis leben 251 auf einem Quadratkilometer.

Mit so einer Ziffer kann niemand etwas anfangen. Die rauhen Dickwurzprovinzen, wie man sich denken kann, sind im Verhältnis ebenso menschenleer wie die Ballungsräume übervölkert. Das heißt: In Hessen gibt es fünf Großstädte (davon vier in der Wirtschaftszone von Rhein und Main, jeweils nicht weiter als 30 Kilometer voneinander entfernt). Ferner gibt es neun kreisfreie Städte und 39 Landkreise. 2,4 Millionen Hessen leben in ihren Großstädten, also 43 Prozent. Für Frankfurt, Offenbach und Kassel wurde eine Bevölkerungsdichte zwischen 2000 und über 3000 pro Quadratkilometer ermittelt, für die Landkreise Alsfeld, Lauterbach, Schlüchtern, Frankenberg, Hofgeismar, Hünfeld, Waldeck, Wolfhagen und Ziegenhain zwischen 71 und 97.

Die Hessen sagen in schnurrender Selbstverliebtheit häufig: „Mir strunze net, mir hunn". Das ist die idiomatische Variante einer Empfehlung für den Umgang mit reichen Leuten: Über Geld spricht man nicht. Man hat es.

Das allzeit vorbildliche Hessen hat zwar über 23 Milliarden Schulden (je Einwohner mehr als 4000 Mark), aber Besitz und Wirtschaftsleistung können sich sehen lassen. Das Industriepotential im Rhein-Main-Dreieck wetteifert mit dem Ruhrgebiet.

Man muß sich einmal vorstellen: Das unterentwickelte Ländchen der Kartoffelbauern und kleinen Handwerker hat sich zum Wirtschaftsgiganten aufgeschwungen. Namen und Daten markieren den Weg: Henschel, Kassel (1810); Merck, Darmstadt (1827); Leitz, Wetzlar (1849); Farbwerke Hoechst (1862); Opel, Rüsselsheim (1862/1898); Degussa, Frankfurt (1873); Buderus, Wetzlar (1884).

Henschel baute 1848 die erste Lokomotive. Merck ist heute der größte Hersteller von Vitaminpräparaten in Westdeutschland, Leitz das führende Unternehmen der optischen Industrie. Die Farbwerke Hoechst behaupten sich als zweitgrößte westdeutsche Firma der chemischen Industrie (41000 Beschäftigte). Adam Opel ist der drittgrößte Autoproduzent (56000 Beschäftigte). Degussa (für Deutsche Gold-und Silberscheideanstalt) zählt zu den bedeutendsten Unternehmen der chemischen Industrie (12000 Beschäftigte), Buderus zu den größten in der Herstellung von Gießerei-Ferrtigprodukten, Zement und Beton (12000 Beschäftigte).

Diese Hessen! Sie sind am westdeutschen Export zu etwa zehn Prozent beteiligt. Ihr Ländchen wird von acht Autobahnen durchquert. Sie haben den größten Flughafen Mitteleuropas (jährlich 20 Millionen Fluggäste), den wichtigsten Knotenpunkt für den westdeutschen Fernstraßenverkehr (Frankfurter Kreuz), das engmaschigste Straßennetz, die Frankfurter Börse und die Frankfurter Messe sowie die eindrucksvollste Versammlung von Banken und Kreditinstituten. Die Hessen, mit einem Wort: Sie strunze net, sie hunn.

Hohe Häuser, heiße Quellen

Gemeinsam wären sie einzigartig: Wiesbaden und Frankfurt oder Frankfurt und Wiesbaden. Zusammen (zweckvollerweise mit dem Stiefkind Offenbach) lägen sie am Main und am Rhein, wären Landeshauptstadt und Millionenstadt, Handelsmetropole und Weltkurstadt, hätten die höchsten Häuser und die heißesten Quellen, die schönsten Flußufer und das wildeste Nachtleben. Aber sie sind nicht zusammen.

Beide Städte haben den Taunus im Rücken und an den Hängen des Taunus Millionärsvillen. Es gibt Ähnlichkeiten in beider Vergangenheit, von den Römern bis zur Zerstörung in den Bombennächten des Zweiten Weltkrieges. Und es gibt Ähnlichkeiten in der Rigorosität des Wiederaufbaus.

Wiesbaden ist eine Stadt wie ein Phönix. Auch in der Altstadt, die immerhin existiert, ist kaum ein Haus viel älter als 200 Jahre (Ausnahme: das Alte Rathaus). Selbst das letzte, kümmerliche Überbleibsel der römischen Stadtmauer präsentiert sich als antikisierender Torbau (Heidenmauer, 1902). Der Kochbrunnen ist das Schicksal der Gemeinde. Aus jeder mittelalterlichen Feuersbrunst, jeder Verwüstung ist sie immer wie neu hervorgegangen, hat sich auch in der Nachkriegszeit aus einem Trümmerhaufen wieder verjüngt und wie neu erhoben. Die Stadt hat sich sogar die Rheumakur, der sie alles verdankt, in einem beispiellosen Kraftakt aus dem Leib gerissen und an die Peripherie verbannt – aber dann doch, wie von Reue geplagt, Kurhaus und Anlagen liebevoll hergerichtet.

Frankfurt hat den Wiederaufbau mit ähnlicher Entschlossenheit betrieben, bloß mit mehr Geld. Die Stadt hat als einzige in Deutschland eine regelrechte Skyline. Sie liegt am Main wie Memphis am Mississippi. Man hat Frankfurt „Mainhattan" genannt. Vermutlich hören es die Frankfurter sogar ganz gern. Wolkenkratzer beherrschen die Ebene in schrillem Kontrast zur Lebkuchengarnitur der Römerzeile, zur ruhmreichen Paulskirche, zum Dom und zu Sachsenhausens Apfelweinseligkeit. Eine richtige Hauptstadt, sollte man denken, prädestiniert durch zentrale Lage, reichsstädtische Vergangenheit und liberale politische Tradition. Vielleicht wäre Frankfurt es auch geworden, wenn Konrad Adenauer seine Rosen nicht in Röhndorf, sondern in Kronberg gezüchtet hätte. Frankfurt wurde nicht einmal Hauptstadt von Hessen. Wiesbaden wurde es.

Man hält Wiesbaden nicht ohne weiteres für die Landeshauptstadt, obwohl es Herzogsresidenz von Hessen-Nassau war. Daher hat es zwei Schlösser, ein Prinzenpalais, ein Waterloo-Denkmal und die Russische Kapelle mit vergoldeten Kuppeln. Die prägende Vergangenheit waren die Kur und der Kaiser Wilhelm, der Hof und die reichen Leute der Gründerjahre. Davon ist der Kurplatz geblieben, die Wilhelmstraße, die Maifestspiele und das Kaiser-Friedrich-Bad (eins der drei römisch-irischen Bäder in Deutschland). Auf den Glanz der Kurstadt, die sie nicht ohne Eigensinn selbst zerstört haben, sind die Wiesbadener noch in der dritten und vierten Generation mächtig stolz. Dem alten Renomee danken sie die Klinik für Diagnostik, dem neuen als Landeshauptstadt das Bundeskriminalamt und das Statistische Bundesamt.

Frankfurt war in allem flinker, geschäftstüchtiger, erfolgreicher und seltsamerweise auch kunstsinniger. Es wird schon die eigentliche oder heimliche Hessenhauptstadt sein. Jedenfalls ist es die größte Stadt in Hessen mit einer berühmten Universität, einem halben Dutzend Theater und über 30 Museen. Frankfurt ist eine Stadt der Superlative. Die Metropole beherbergt 28 internationale Messen, 13 Banken, 60 Fremdenverkehrsämter, 37 ausländische Wirtschaftsvertretungen und 59 Konsulate.

Gemeinsam wären sie einzigartig: schön und reich, kultiviert und zweimal international und hessisch. Im Frankfurter Verkehrsverbund sind sie freilich über eine Entfernung von 12 Stationen bereits vereint.

Abglanz irrationaler Großartigkeit

Und noch einmal zwei hessische Städte in dialektischer Betrachtung: Darmstadt und Kassel. In der Vergangenheit waren sie feindliche Schwestern und sind doch Leidensgefährtinnen, ein wenig überheblich und bei weitem zu hart bestraft – beide: Geschöpfe glanzvoller Epochen, deren Überreste sie gleich Reliquien nutzen und verehren.

Beide Städte liegen am Rand großer Gebirgswälder und Ebenen, zwischen Odenwald und Ried sowie Habichtswald und Fuldatal, beide sind kleine Großstädte oder große Kleinstädte, provinziell und kultiviert, selbstbewußt und leicht verstiegen. Beide sind in der Sonne fürstlicher Gnade erblüht, waren Residenzstädte und Hauptstädte und haben unter den Launen von Landgrafen, Kurfürsten und Großherzögen gelitten – nicht nur, versteht sich. Immerhin hat ein Landgraf mit seinem Testament das Unheil gestiftet. Erbschaftsstreitigkeiten führten zum Hessenkrieg und zur Teilung des Landes in Hessen-Kassel und Hessen-Darmstadt. In Hessen gibt es einen geflügelten Kommentar zum sichtlich harmonischen Zusammenleben einer großen Familie: „Habt ihr schon gedeilt?"

Eine andere Redensart nährt Erinnerungen an den schändlichen Menschenhandel des Kasseler Hofes. Die Landgrafen verkauften angeworbene Landeskinder an kriegführende Potentaten. Die lakonische Floskel der Menschenjäger nach gelungenem Beutezug wird von der Stadt in köstlicher Arglosigkeit als Werbeslogan eingesetzt: „Ab nach Kassel."

Die machtvollen Bauherren und Kunstmäzene waren zugleich gemeine Schurken, verschwenderisch und geizig, musisch und reaktionär, jovial und erbarmungslos. Sie hinterließen Schlösser und Parkanlagen von solcher Erhabenheit und Weitläufigkeit, daß die Städte erst nach der Zerstörung (70 und 78 Prozent) hineinwuchsen wie junge Mädchen in die Diademe des Familienschmucks. Das ist in Darmstadt das Renaissanceschloß mit den prächtigen Barockflügeln. Das ist überhaupt das Darmstadt des klassizistischen Baumeisters Georg Moller (Ludwigskirche, Altes Landestheater) sowie die einzigartige Mathildenhöhe. Die Jugendstilmeister der Künstlerkolonie hat der letzte Großherzog angesiedelt.

In Kassel ist das kurfürstliche Erbe womöglich noch überwältigender. Die Wilhelmshöhe mit den Kaskaden einer Wassertreppe von 885 Stufen, das beherrschende Oktogon auf dem Kamm des Habichtswalds mit einem Herkules als krönende Figur, das Schloß Wilhelmshöhe sowie die beigeordnete Löwenburg und das Schloß Wilhelmstal (von François Cuvilliés) sind ein unvergleichbares Architekturensemble: nach Auffassung des Kunsthistorikers Georg Dehio die eindrucksvollste Synthese von Landschaftsgestaltung und barocker Baukunst (jährlich eine Million Besucher). Einen Abglanz der irrationalen Großartigkeit ihrer Landesherren haben Darmstädter und Kasseler über die trostlosen Schutthalden ihrer Städte hinweggerettet. Die Heiner (das sind die Darmstädter im humorigen Selbstverständnis) feiern ihre Stadt und sich selbst als Residenz kritischer Geister. Sie veranstalten internationale Ferienkurse für Neue Musik, Kranichsteiner Musikwochen und das Heinerfest. Sie führen Darmstädter Gespräche und verleihen den Georg-Büchner-Preis.

Die Kasseler, Kasselaner und Kasseläner (nur sie sind die richtigen, die alteingesessenen Kasseler) haben ihrer Stadt beim Wiederaufbau einen neuen Grundriß verpaßt. Natürlich haben sie das Erhaltene aufwendig erneuert, waren aber um flinke Lösungen nicht verlegen. Bezeichnenderweise gibt es noch heute in Kassel mehr Architekten als Zahnärzte und mehr Rechtsanwälte als Friseure. Die Kasseler jeglicher Schattierung beherbergen alle vier oder fünf Jahre im Fridericianum eine Weltausstellung zeitgenössischer Kunst („dokumenta") und behalten Spektakuläres davon zurück, beispielsweise eine meterhohe Spitzhacke und ein 1000 Meter tiefes Loch im Friedrichsplatz – hochtrabend: „Vertikaler Erdkilometer".

Die Würde der Bundeshauptstadt hat Kassel nach Kriegsende übrigens auch erstrebt. Zu diesem Zweck aber hätte Konrad Adenauer seine Rosen auf dem Brasselsberg bei Oberzwehren züchten müssen.

Schrecken der Römer

Der römische Historiker Tacitus hatte eine Schwäche für die Germanen, denen er übrigens nie begegnet war. Den Stamm der Chatten strich er besonders heraus: „Sie stellen gewählte Führer an die Spitze, leisten Gehorsam, kennen regelrechte Heeresverbände, erfassen günstige Gelegenheiten, können den Angriff auch einmal aufschieben, teilen sich die Tagesarbeit zweckmäßig ein und verschanzen sich nachts. Glückliche Zufälle sehen sie als unsicher, nur die eigenen Fähigkeiten als sicher an."

Der Name allein erschreckte schon den Feind, das Feldgeschrei muß ihn mit lähmendem Entsetzen erfüllt haben. Sie waren angriffslustig wie eine Herde gereizter Büffel und schlau wie die Schlangen. Die Jünglinge ließen Haare und Bart wachsen bis zum ersten Sieg im Zweikampf. Feiglinge haben demnach fürchterlich ausgesehen. Die grimmigsten Chattenkrieger trugen eiserne Ringe als Zeichen unüberbietbarer Blutrünstigkeit. Sie eröffneten die Schlacht, kämpften immer in vorderster Linie. Die symbolische Fessel legten sie erst ab, wenn sie einen Feind getötet hatten. Nie trennten sie sich vom Schwert, es sei denn, daß es ihnen vor Altersschwäche aus der Hand fiel. Gut Kirschen essen war mit ihnen nicht.

Die Chatten siedelten zwischen Rhein, Taunus, Werra und Diemel. Mittelpunkt des Stammes war das alte Mattium (Maden bei Gudensberg). Die Krieger verachteten den festen Wohnsitz und eigene Äcker. Den Römern müssen sie hünenhaft vorgekommen sein. Überliefert ist die Kunde von ihren abgehärteten Leibern, sehnigen Gliedmaßen, drohenden Gesichtszügen sowie einer ungewöhnlich geistigen Regsamkeit.

Mehr als 200 Jahre haben sie sich in wechselnden Bündnissen mit Römern (in der Varusschlacht auf der Seite Armins), Sugambrern, Cheruskern und Markomannen herumgeprügelt. Wenn römische Legionen über die Rheinlinie vorgestoßen sind, haben sie vor allem Chatten gezüchtigt und den Limes gebaut und erst nach den Strapazen der Feldschlacht in den heißen Quellen am Taunus (Aquae Mattiacorum, heute: Wiesbaden) geplanscht und am Brunnenrand Sinter geschürft (zur Blondierung des Haars vornehmer Römerinnen).

Die Generäle Drusus und Germanicus sowie Kaiser Domitian in eigener Person haben Feldzüge gegen die Chatten unternommen und in der Regel gewonnen. Domitian freilich hätte die Römer mit seinem Triumphzug beschwindelt: die Gefangenen wären gekaufte Statisten mit künstlichem Blondhaar gewesen.

Beim Streit der Chatten mit den blutsverwandten Hermunduren um Salzquellen an der Werra brach die kriegerische Natur ungestüm hervor. Sie schwuren, als Sieger den ganzen Stamm auf dem Altar der Götter zu opfern. Allerdings hatten sie die Rechnung ohne die Götter gemacht. Die Chatten unterlagen und wurden selbst geschlachtet.

Im Markomannenkrieg und in Kämpfen gegen die Armee Caracallas erscheinen sie noch einmal. Dann hört man nichts mehr von ihnen. Sie sind kämpfend untergegangen oder friedlich mit den Franken verschmolzen. Es ist anzunehmen, daß sie die Urahnen der Hessen sind.

Hessen, das noch nicht Hessen war, blieb in der Familie. Germanische Franken, Vettern von Piraten an der Küste des Nordmeers, näherten sich vom Niederrhein. Auch sie hatten mit wechselndem Kriegsglück auf Römer und Nachbarstämme eingedroschen. Ihr Räuberhauptmann Chlodewig krönte seine Siege mit dem staatsmännisch wohlerwogenen Bekenntnis zum katholischen Christentum (Taufe in Reims durch Bischof Remigius). Die Völkerwanderung hatte für die Franken keinen Reiz. Sie unterwarfen Alemannen und Thüringer. Ihre Häuptlinge faßten die fränkischen Teilreiche zusammen und betrieben die fränkische Landnahme mit Verrat, Betrug und Waffengewalt. Das Herzogtum gliederten sie sich in Grafschaften und Gaue.

Die Heiratspolitik eines Grafen von Gudensberg im Stammland der Chatten wird für Hessen Folgen haben. Noch gab es ja kein Hessen.

Missionierung mit der Axt

Chatten und Franken hatten aus dem Mund iroschottischer Wanderprediger zur Genüge vom Christentum und dem Opfertod des Gottessohnes gehört, konnten sich zunächst aber nicht recht dafür erwärmen. Entweder leuchtete ihnen, wie den Sachsen, die originelle Lehre nicht ein oder sie hatten sie falsch verstanden. Bis Bonifatius erschien.

Der Benediktinermönch und Priester aus Wessex in Britannien bereiste mit großem Gefolge die fränkischen Gaue und verbreitete wortgewaltig und unerschrocken den wahren Glauben. Er stellte Kreuze auf und gründete im euphorischen Eifer der ersten Stunde Pfarreien, Bistümer und Klöster – Amöneburg zum Beispiel, Fritzlar und Fulda. Es muß ihm Genugtuung und Unbehagen bereitet haben, daß gleichzeitig Klöster in Hersfeld und Lorsch gestiftet wurden und der mächtige Mainzer Erzbischof seinen Einflußbereich über das ganze Land ausdehnte.

Bonifatius hatte unstrittige Kompetenzen. Er missionierte im direkten Auftrag des Papstes (Gregor II.: „…die wilden Völker Germaniens") und besaß Schutzbriefe des fränkischen Hausmeiers Karl Martell, der den Streiter Gottes aller Wahrscheinlichkeit nach als so etwas wie einen nützlichen Idioten betrachtete. Immerhin fühlte sich der Missionar im wilden Germanien stark genug zu einem jener berühmten Kraftakte, die schon Gregor der Große verboten hatte: Er ließ in der Gemeinde Geismar eine Eiche umhauen, die dem Heidengott Donar geweiht war. Am Ort der Demonstration hatte sich viel gaffendes Volk versammelt. Jedermann hoffte, daß Donar den frechen Pfaffen mit dem Blitz zerschmettern würde. Wunder waren im 8. Jahrhundert nicht so selten wie heutzutage. Und tatsächlich: Kaum hatten die Holzfäller die Axt angelegt, zerfiel die Eiche in vier handliche Stücke – wie geschaffen für den Bau einer kleinen Christenkirche.

Der rüstige ältere Herr fuhr fort, die wilden Völker „unter das sanfte und süße Joch Christi" zu beugen. Er war darin so erfolgreich, daß er posthum heiliggesprochen und zum Apostel der Deutschen ernannt wurde.

Kinderstube des Reiches

Die Gaue im fränkischen Königreich waren eine Kinderstube des Heiligen Römischen Reiches Deutscher Nation (seit Otto dem Großen).

Noch im 8. Jahrhundert hatte der Frankenkönig Karl die Klöster Fritzlar, Fulda, Hersfeld und Lorsch zu Reichsabteien erhoben. Das sanfte und süße Joch Christi diente ihm als Fundament zum Aufbau staatlicher Ordnung, an der bekanntlich die Sachsen sehr zu würgen hatten. Und jetzt sieht man klarer, als wäre eine Scharfeinstellung gelungen. Eine Geschichte Hessens beginnt sich abzuzeichnen. Die Gaugrafen kommen ins Spiel. Die politischen Stückelungen der Landkarte zerfallen durch Familienangelegenheiten wie Kaleidoskopbilder in immer neue, überraschende Farbmuster. Eheverträge und Testamente werden zum Instrumentarium hessischer Territorialmacht.

Den Reigen eröffnet im Jahr 1137 ein Ludwig I. von Thüringen. Er heiratet Hedwig von Gudensberg mit einer Zuwaage von Latifundien. 100 Jahre danach stirbt die Linie aus. Die Erbschaftsauseinandersetzungen entwickeln sich mit der Folgerichtigkeit ritualisierter Schauprozesse: drohende Gesichtszüge, wie sie schon bei den Chatten beobachtet wurden, Getöse („Thüringischer Erbfolgekrieg"), Teilungsverträge. Hessen wird der Herzogin Sophie, einer Tochter der heiligen Elisabeth, für deren Sohn Heinrich zugesprochen: das Kind von Brabant. Das ist noch nicht das ganze Hessen, aber doch Hessen, eine Landgrafschaft, von König Adolf zur Stärkung der eigenen Macht in ein Reichsfürstentum umgewandelt. 400 Jahre geht das so weiter. Die Landesväter kabbeln sich mit dem Mainzer Erzbischof, dehnen sich aus, teilen. Einer wird mit fünf Jahren Landgraf. Mit 14 übernimmt er die Regierungsgeschäfte – ein erstaunlicher Knabe. Er führt die Reformation in Hessen ein, gründet die erste evangelische Universität (Marburg) und lebt mit zwei Gattinnen. Philipp der Großmütige gibt der hessischen Geschichte die endgültige Wendung: 1567 teilt er das Land unter seine Söhne.

Im Zweifelsfall gegen das Volk

Dieser Philipp war ein schlechter Menschenkenner oder ein ausgekochter Pragmatiker. Vielleicht hat er den Bruderzwist im Hause Hessen einkalkuliert, vielleicht hat er Schlimmeres verhindert. Man kann sich kaum vorstellen, was geschehen wäre, wenn er etwa den ältesten seiner vier legitimen Söhne als alleinigen Erben eingesetzt hätte... Statt dessen vermachte er einem die Hälfte des Landes, dem zweiten ein Viertel, den übrigen je ein Achtel und riet ihnen zur Eintracht einer gemeinsamen Regierung. Das war ungefähr so wirksam, als hätte er, wie man in Hessen sagt, einer Kuh ins Horn gepetzt.

Der Ärger wurde erst in der folgenden Generation virulent, als nämlich die Brüder wegen neuerlicher Hinterlassenschaft aneinandergerieten und nichts dabei fanden, sich mit den feindlichen Mächten des Dreißigjährigen Krieges gegeneinander zu verbünden: der Darmstädter Calvinist mit der Partei des Kaisers. Das furchtbare Finale des Hessenkrieges war die letzte Prüfung. Im Einigkeitsvertrag von 1648 wurde die Teilung des Landes in Hessen-Darmstadt und Hessen-Kassel perfekt. Seither gibt es eine hessische Geschichte in zwei unterschiedlichen Ausfertigungen.

Familienähnlichkeiten sind unverkennbar. Die verfeindete Sippschaft strebt nach Titeln, und das Land muß teuer dafür zahlen. Der Darmstädter bringt es zum Großherzog, der Kasseler mit Verspätung zum Kurfürsten – jeweils mit dem Titel Königliche Hoheit. Beide klammern sich im mörderischen Klima der Revolution an ihre Privilegien und Pfründe, verschulden sich bis über die Ohren, bekämpfen jeden liberalen Ansatz wie Unkraut und regieren im Zweifelsfall gegen die Interessen des Volkes. Die Monarchen im hessischen Doppelhaus sind als Landesväter unseriös, als Diplomaten instinktlos, als Geldeinnehmer skrupellos und als Bauherren maßlos – keineswegs alle, aber doch zumeist.

Fragwürdige Sympathie für Napoleon

Nicht alle hatten so fabelhafte Ideen wie der Landgraf Ernst Ludwig von Hessen-Darmstadt. Als ihm die Gläubiger schon beim Jagdvergnügen auflauerten, entschloß er sich, seine Finanzen mit Hilfe von Joseph Süß Oppenheimer zu sanieren. Er ließ minderwertige Goldmünzen prägen. Der Kaiser und das Reich waren davon weniger begeistert. Der erfindungsreiche Landgraf saß nach einer Regierungszeit von mehr als einem halben Jahrhundert auf einem Schuldenberg von 3,5 Millionen Gulden (ohne das Defizit der Geheimen Kabinettskasse: abermals zwei Millionen).

Der begonnene Neubau des Darmstädter Schlosses konnte zunächst nicht vollendet werden. Selbst die Große Landgräfin Henriette Karoline in der übernächsten Generation war genötigt, ihre Bewunderung für die Kunst in Grenzen zu halten. Dabei war der Darmstädter Hof zu ihrer Zeit eine Zierde abendländischer Kultur. Die Landgräfin korrespondierte mit Voltaire und Melchior von Grimm. Sie war Mittelpunkt eines Elitekreises, zu dem der Kriegsrat und Schriftsteller Johann Heinrich Merck gehörte, der Lizentiat Goethe, der Kabinettsprediger Herder sowie die etwas verrückte Luise von Ziegler und die schöne Karoline von Flachsland, Herders spätere Frau. Das waren die Empfindsamen oder die Gemeinschaft der Heiligen, wie sie sich auch nannten. Goethe hat die Jungfrauen in schwärmerischen Versen besungen. Die Lieder verstummten mit dem Tod der Landgräfin.

Der nächste Ludwig kompensierte den anfänglichen Mangel an politischem Format mit Selbstbewußtsein. Er war als einer der ersten im Rheinbund und erfreute sich denn auch bald großherzoglicher Würden als Ludwig I. Sympathien für Napoleon waren aber, wie man aus der Geschichte weiß, auf Dauer nicht so vorteilhaft und die monotonen Bündnisse mit Österreich waren im Deutschen Krieg von 1866 verhängnisvoll. Wenigstens der Titel blieb, auch das Großherzogtum – bis 1871 oder, richtiger, 1918.

Alles zu spät – die Hessen kommen!

Eins hatten die Kasseler Landgrafen mit den verhaßten Brüdern in Darmstadt eindeutig gemeinsam: Sie konnten nicht mit Geld umgehen. Sie liebten stattliche Residenzen, imperiale Architekturen und üppige Gärten. Die Darmstädter suchten gelegentlich Rettung in der Sparsamkeit. Die Kasseler knauserten eher mit Ausgaben für andere Leute, begriffen aber doch, daß man mit zugeknöpften Taschen keine so schönen Schlösser wie Wilhelmshöhe und Wilhelmstal bauen konnte. Sie waren, ohne eigene Schuld, in der Zwickmühle. In ihrer Verzweiflung entdeckten sie einen Ausweg: Sie verkauften Landeskinder an kriegführende Mächte. Der Einfall war weitaus tragfähiger als der Gedanke mit den schlechten Goldstücken. Krieg gab es immer irgendwo, und Kaiser und Reich fanden den Handel durchaus in Ordnung.

In ihren eigenen kriegerischen Unternehmungen waren die Landgrafen von Hessen-Kassel weniger erfolgreich, weil sie sich beharrlich die falschen Waffenbrüder aussuchten. In den Kriegen Ludwigs XIV. stellten sie sich gegen Frankreich, was zur Folge hatte, daß ihre Residenzstadt von französischen Truppen viermal besetzt und zweimal belagert wurde. Im Siebenjährigen Krieg verbündete sich Kassel mit England und im Ersten Koalitionskrieg mit Preußen und England gegen Frankreich, was vorübergehend das ganze Land kostet. Die Episode ist ein bunter Farbtupfer im Geschichtsunterricht: Hessen-Kassel ging im Königreich Westfalen auf und wurde von Napoleons Bruder Jérôme („König Lustik") mit Sitz im Schloß Wilhelmshöhe regiert.

Eine geschicktere Hand hatten die Kasseler Landgrafen jedenfalls mit ihren schriftlichen Arbeiten, für die es im gehobenen Deutsch der Diplomatensprache den netten Begriff Subsidienpolitik gibt – vulgo: Menschenhandel. Sie vermieteten hessische Armeen zu allen Kriegsschauplätzen Europas. Einer erregte Aufmerksamkeit und kam häßlich ins Gerede: Wilhelm VIII. hatte im Österreichischen Erbfolgekrieg Österreicher und Preußen mit Truppenkontingenten unter die Arme gegriffen. Es läßt sich zu seiner Entschuldigung schwerlich unterstellen, er hätte übersehen, daß sich die Regierungen beider Länder feindlich gegenüberstanden. Immerhin hatte er die verschacherten Soldaten zuvor noch anwerben lassen. Nachfolger Friedrich II. zog sie ein. Auch er war bei der Durchsetzung seiner Absichten nicht zimperlich. Der Zeitgenosse Schiller hat eine Szene beschrieben, wie sie wahrscheinlich gang und gäbe war: „Es traten wohl so etliche vorlaute Burschen vor die Front heraus und fragten den Obersten, wie teuer der Fürst das Joch Menschen verkaufe? – aber unser gnädigster Landesherr ließ alle Regimenter auf dem Paradeplatz aufmarschieren und die Maulaffen niederschießen."

Rekrutierte Landeskinder kämpften in den nordamerikanischen Befreiungskriegen auf seiten der britischen Kolonialmacht. Die englische Regierung zahlte für das Hilfskorps von 12 000 Mann jährlich 450 000 Taler. Der Landgraf kassierte 20 Millionen Taler, finanzierte den Bau schöner Schlösser und hinterließ ein beträchtliches Vermögen.

Der nächste Wilhelm profitierte vom Reichsdeputationshauptschluß. Er ließ sich zum Kurfürsten promovieren, obwohl ihm die Würde eines Königs der Chatten lieber gewesen wäre. Der Wiener Kongreß etablierte das verschenkte Kurfürstentum aufs neue. Der Titel war bedauerlicherweise nichts mehr wert, Hessen-Kassel hinfort Kurhessen.

Bis zum Ende gab es drei Kurfürsten. Der erste lieh immer noch Soldaten her und führte bei der Armee den Zopf wieder ein. Er verabscheute Ausländer und hatte kein Verständnis für Volksvertreter, die eine Trennung von Staatskasse und kurfürstlicher Privatschatulle verlangten.

Eine Verfassung war jedem von ihnen zuwider. Sie setzten sie nach Gutdünken außer Kraft oder änderten Artikel, die ihnen nicht in den Kram paßten. Der letzte hessische Kurfürst regierte nach bewährtem Muster gegen das Volk. Er erwirkte eine bewaffnete Intervention des Bundestages zugunsten seiner absolutistischen Herrschaftsgewalt („Strafbayern") und entfesselte um ein Haar einen Krieg der beteiligten deutschen Länder.

1866 stand er wieder einmal auf der falschen Seite. Die Preußen marschierten ein. Das Land wurde annektiert, der Kurfürst als Staatsgefangener nach Stettin verbannt, wo er aber noch lange keine Ruhe gab. Die

Kraftprobe mit seinem Volk war für ihn glimpflich ausgegangen: Ein Vertrag mit Preußen sicherte ihm die Einkünfte des Hausfideikommisses. Das Erbgut blieb ihm unteilbar erhalten.

Kurhessen wurde mit dem Herzogtum Nassau, zwei bayerischen und drei Darmstädter Kreisen sowie der Freien Reichsstadt Frankfurt dem preußischen Staat als Provinz Hessen-Nassau einverleibt (Regierungsbezirke: Wiesbaden und Kassel) und in die Geschichte Preußens und des Kaiserreiches einbezogen.

Nachtrag: Ein Heimatforscher begegnet in Wiesbaden vier Generationen einer Großfamilie unter dem nämlichen Dach und fragt nach dem Bewußtsein der nationalen Identität: "In erster Linie fühlen Sie sich gewiß als Deutsche, aber dann – bezogen auf Ihre engere Heimat?"

"Wir sind Nassauer", sagt die Urgroßmutter. Sie erinnert sich an das Bild von Herzog Adolf von Nassau im Salon der Eltern (seit 1890 Großherzog von Luxemburg). "Preußen", sagt die Großmutter. "Hessen" – die Mutter. Darauf das Kind: "Ei, mir gehöre doch bei die Ami!"

Das Großherzogtum Hessen-Darmstadt war nach dem Ersten Weltkrieg aufgelöst, der Großherzog Ernst Ludwig abgesetzt worden. Das Land bestand weiter als Volksstaat Hessen.

Die preußische Provinz Hessen-Nassau war von der scheidenden großdeutschen Reichsregierung 1944 noch einmal in Nassau und Kurhessen geteilt worden, um einen Gauleiter zu erfreuen.

1945 wurden die Provinzen mit Gebieten des Volksstaats durch Proklamation der US-Militärregierung zu Großhessen vereinigt – seit 1946: Land Hessen.

Eine Ahnengalerie wie ein Kümmelblatt

Der Bäcker Bossong war ein Wiesbadener Original. Der Name seiner Bäckerei in der Kirchgasse hat ihn um ein Jahrhundert überlebt. Im Schatzkästlein Wiesbadener Schnurren hat er eine kleine Unsterblichkeit erlangt – wie Sprüche des Lehrers Rudolf Dietz aus Naurod oder des Bänkelsängers Philipp Keim aus Diedenbergen. Der Witz ist ein Dialog mit einigem Zeitabstand zwischen den Repliken. Er geht so:

Der Bäcker Bossong hat viel Geduld mit seinem tappigen Lehrling. Der Stift ist unfähig zur selbständigen Arbeit. Jeden Handgriff muß man ihm extra anschaffen. Wenigstens ist er willig.
Stift: "Was soll ich mache', Herr Bossong?"
Bossong: "De Teich knete, wie ich der's gelernt hab'."
Stift: "Herr Bossong, was soll ich jetz' mache?"
Bossong: "Jetz' duhste die Brote forme, wie ich der's gelernt hab'."
Stift: "Un' was mach' ich jetz', Master?"
Bossong: "Jetz' wern die Brote mit Wasser bestriche, gelle?"
Stift: "Un' was mach' ich jetz', Herr Bossong?"
Bossong wird allmählich wütend: "Herrschaft, mußde alleweil frage...
                Jetz' duhste die Brote in de Ofe' schieße'."
Stift: "Un' was soll ich jetz' mache?"
Dem Bäcker reißt die Geduld: "Ich will der sage, wasde mache sollst!
                Jetz' gehste vorn in die Stubb un' hängst de Aarsch zum Fenster naus!"
Der Stift ab. Nach einer Stunde ist er wieder da: "Un was soll ich jetz' mache, Master?"
Bossong, unruhig: "Was hoste dann die ganz Zeit gemacht?"
Stift: "Ich bin vorn in die Stubb gange und hab' de Aarsch zum Fenster nausgehängt."
Bossong, in Panik: "Um Gotteswille! Was habbe dann die Leut' gesaat?"
Stift: "Was die Leut' gesaat habbe? – Ei, gu'n Dach, Herr Bossong."

Das Stücklein ist eine Posse vom Schulhof der Gründerjahre. Vermutlich haben die Urgroßväter als Sextaner bereits darüber gelacht, und wer den Bäcker Bossong selbst gesehen hatte, konnte die Komik noch ganz anders auskosten. Die Pointe klärt das Verhältnis zwischen dem allmächtigen Meister und dem beflissenen Lehrbub zugunsten des Schwächeren. Der Stift ist der klassische Schelm – Eulenspiegel, Münchhausen und Schwejk in einer Person. Der Witz stellt die bürgerliche Ordnung auf den Kopf, verkehrt Oben und Unten und verrät etwas von den Hessen (oder soll man sagen: Nassauern, Preußen, Wiesbadenern?), denen so leicht nicht beizukommen ist. Vermutlich kann man sie überhaupt nicht fassen und einordnen. Man kann sich aber um Annäherung bemühen. Die Mühe lohnt sich. Jeder analytische Ansatz zum Verständnis der hessischen Kollektivseele ist ein Versuch am tauglichen Objekt. Die Hessen sind in ihrer Merkwürdigkeit ungemein ergiebig.

Hessen sind Nachfahren von Germanen und Römern, von Chatten, wenn's wahr ist, und Franken. Im hessischen Schmelztiegel mit seinen fließenden Dialektübergängen innerhalb der rheinfränkischen Mundart haben sich Reste ethnischer Gruppierungen erhalten: Alemannen im Odenwald und in der Wetterau, Thüringer an der unteren Werra und im nördlichen Waldeck. Die Hessen sind ein Mischvolk. Der Rheinhesse Zuckmayer hat das Mischungsverhältnis („...stellen Sie sich doch mal Ihre Ahnenreihe vor seit Christi Geburt") anschaulich beschrieben: „Da war ein römischer Feldhauptmann, ein schwarzer Kerl, braun wie 'ne reife Olive, der hat einem blonden Mädchen Latein beigebracht. Und dann kam ein jüdischer Gewürzhändler in die Familie, das war ein ernster Mensch, der ist noch vor der Heirat Christ geworden und hat die katholische Haustradition begründet. Und dann kam ein griechischer Arzt dazu, oder ein keltischer Legionär, ein Graubündener Landsknecht, ein schwedischer Reiter, ein Soldat Napoleons, ein desertierter Kosak, ein Schwarzwälder Flözer, ein wandernder Müllerbursch vom Elsaß, ein dicker Schiffer aus Holland, ein Magyar, ein Pandur, ein Offizier aus Wien, ein französischer Schauspieler, ein böhmischer Musikant – das hat alles am Rhein gelebt, gerauft, gesoffen und Kinder gezeugt..."

Der Rhein war eine Schlagader Europas. Zuckmayer nennt ihn die große Völkermühle, die Kelter. Der Rhein war nicht die Grenze des Abendlandes. Das war, einen Tagesmarsch weiter nach Osten, der Obergermanische Limes: 382 Kilometer vom Rhein zur Rems, davon etwa 140 Kilometer durch das südliche Hessen – ein waffenstarrender Trennungswall mit Wachttürmen und Kastellen, besetzt von zwangsweise angesiedelten germanischen Hilfstruppen. Das war die Grenze von lateinischer Rationalität und dem Mystizismus germanischer Wälder, zwischen Christen und Heiden, römischer Philosophie und teutonischem Furor. Die Ahnengalerie der Hessen ist ein Päckchen Spielkarten, die in Jahrhunderten so abgegriffen worden sind, daß man den Wert der Symbole nicht mehr erkennt, nicht einmal die Farbe der bedeutungslos gewordenen Trümpfe.

Das Hessische an Odysseus

Die Hessen haben sich nicht bedingungslos für die alten, rachsüchtigen Götter geschlagen, aber auch nicht für den verzeihenden Christengott. Es gab andere Gründe. Sie sind aus Loyalität Protestanten geworden oder Katholiken geblieben, haben Waldenser, Wallonen und Hugenotten (Kassel, Hofgeismar, Friedrichsdorf, Homburg, Neu-Isenburg, Hanau) als Nachbarn aufgenommen und für fettes Fürstenerbe und mageren Sold gekämpft. Blinde Hessen hat man sie genannt, weil sie nicht hellsichtig genug waren, den Kasseler Soldatenverkäufern zu mißtrauen (zeitgenössisch: „Die Hessen sind so blind, daß sie nicht einmal die verbrecherische Geldgier ihrer Fürsten erkennen").

Eine andere Deutung hat mehr für sich: Im Thüringischen Erbfolgekrieg um die Ansprüche der Herzogin Sophie für ihren unmündigen Sohn Heinrich (das Kind von Brabant), hatten einmal die hessischen Truppen in der Dämmerung einen Heuhaufen für einen feindlichen Stoßtrupp gehalten und waren gleich Berserkern darüber hergefallen – blind vor Rachedurst und Wut.

Das ist eine Kolportage, beleidigend und zu allem Überfluß schlecht erfunden. Hessen sind niemals blind vor Rachedurst und Wut, sondern vernünftig, mißtrauisch und listig. Hessen sind keine Helden. Sie möchten aber gern als Helden angesehen werden.

Hessen sind auch nicht feige. Dafür gibt es in ihrer Geschichte viele Beispiele. Das bedeutet aber noch lange nicht, daß sie vor lauter Begeisterung für das Kind von Brabant den Verstand verloren hätten. Sie riskieren nicht sinnlos („für nix un' widder nix") ihr Leben. Es müßte sich denn schon lohnen, und ehe Blut fließt, könnte man zuvor vielleicht…Beim Vergleich hessischer Aventiuren mit dem Sagenschatz antiker Recken drängt sich die Erkenntnis auf: Odysseus hat manches Hessische an sich – wie er Troja mit einem hölzernen Pferd hereingelegt und sogar die Götter zu Komplizen macht, wie er den menschenfressenden Riesen Polyphem überlistet, wie er sich in Hörweite der betörenden Sirenengesänge am Schiffsmast festbinden läßt…Alles sehr hessisch. Er gewinnt den Krieg, kommt mit dem Leben davon, entrinnt den Sirenen und hat die Lieder doch gehört. Odysseus ist phantasievoll, schlau und sehr vorsichtig – mit einem Wort: hessisch. Die Schlacht mit dem Heuhaufen (Hessenfeinde reden von einem Misthaufen, um eins draufzugeben) muß endlich einmal psychologisch sauber interpretiert werden. Natürlich war alles ganz anders.

Die Hessenkrieger haben sich wissentlich und in voller Absicht auf den Heuhaufen gestürzt. Böswillige Geschichtsklitterer haben die Männer nachträglich verspottet. Blind waren sie selber. Der lächerlich scheinende Angriff war in Wirklichkeit eine glanzvolle strategische Operation mit bemerkenswerten Resultaten.

Erstens: Die Hessen haben feindliche Beobachter im Halbdunkeln genarrt. Die Späher mußten erkennen (und sollten Meldung machen), daß ein Stoßtrupp ihrer Verbände aufgerieben wurde.

Zweitens: Die Angreifer verschafften sich mit Geschrei und Waffentumult bei der Zivilbevölkerung den nötigen Respekt zum Requirieren von Schinken und Würsten.

Drittens: Von einem Heuhaufen war nicht der geringste Widerstand zu erwarten.

Schließlich: Die Hessen standen als Helden da. Die Tragweite ihrer Kriegslist ist zu ermessen. Die Kämpfer ums Erbgut anderer Leute waren ohne Blutvergießen in die Geschichte eingegangen, im beabsichtigten Sinn, allerdings nur unter der Voraussetzung, daß die eigentlichen Beweggründe des Intermezzos nie ruchbar würden. Das ist leider nicht eingetroffen. Zum Ärger aller Hessen in den folgenden 700 Jahren gab es einen Verräter – sei's um Judaslohn, sei's aus Überdruß. Die Situation ist vorstellbar. Die Veteranen sitzen noch immer Bier saufend und prahlend am oberhessischen Kriegervereinsstammtisch, unter ihnen längst solche, die nicht dabeigewesen waren. Und die Schlacht wird zusehends mörderischer, der Feind fuchtiger und die Chancen aussichtsloser. Da bittet einer höflich ums Wort und schenkt's den Kameraden ein. Er weiß den Ort, den Tag und die Stunde. Er kennt die Name aller Beteiligten. Er berichtet sachlich, ohne schmückendes Beiwerk. Wie er fertig ist, legt er eine Münze auf den Tisch und geht hinaus. Hinter ihm erhebt sich ein Krakeel, als sollte die Schlacht um den Heuhaufen erst jetzt geschlagen werden. Und das ist wieder sehr hessisch. Zusammenfassend kann man sagen: Die Hessen sind mitnichten blind. Das Gegenteil ist die Wahrheit.

Nassauer – im Licht historischer Erkenntnis

In ihrer historischen Reputation sind die Nassauer kränkenderer Beurteilung ausgesetzt als die Hessen, fast vergleichbar mit den Schotten. Die Nassauer, die bekanntlich ebenfalls Hessen sind, müssen es sich gefallenlassen, als Synonym für Schmarotzer mißbraucht zu werden. Sie sind vom Odium der Verächtlichkeit gezeichnet. Einen Schnorrer heißt man im deutschen Sprachgebrauch einen Nassauer. Die gedankenlose, erbärmliche Gleichsetzung wird verstärkt durch eine populäre Darmstädter Bühnenfigur, die nie existiert hat. Der Datterich in der Dialektposse von Ernst Elias Niebergall ist ein Nassauer.

Und abermals stellt sich bei näherer Prüfung heraus: Das Gegenteil ist die Wahrheit. Und die sieht wie folgt aus:

Herzog Wilhelm von Nassau hatte die Alma mater in Göttingen, berühmt als Lehranstalt so namhafter Hessen wie Lichtenberg (aus Oberramstadt) und die Brüder Grimm (aus Hanau), durch Staatsvertrag mit dem König von Hannover als Landesuniversität für Studenten aus dem Herzogtum ausersehen. Er hätte den Studienplatz kraft absolutistischer Autorität obligatorisch machen können, hat das aber unterlassen und die Studiosi lieber mit Stipendien und Freitischen geködert. Die Nassauer speisten kostenlos am Tisch des Landesvaters. Anfangs gab es zwischen 30 und 60 Nassauer Studenten in Göttingen, später im Durchschnitt 15. Man kann sich denken daß nassauische Jungakademiker der Futterkrippe gelegentlich fernblieben. Freie Stühle lockten Söhne aus anderer Herren Länder an, die dann auf die Frage nach ihrer Herkunft die passende Antwort gaben: „Nassauer!" Der Begriff verbreitete sich an deutschen Universitäten und wurde sprichwörtlich für Nassauer. Im Licht historischer Erkenntnis sind also Nassauer eben keine Nassauer. Sie sind als einzige dazu gar nicht imstande. Nur wer selbst kein Nassauer ist, hat Gelegenheit als Nassauer in Erscheinung zu treten.

Die Etymologie hat für den Ausdruck Nassauer in der Bedeutung Schnorrer und Trittbrettfahrer eine weitere, idiomatisch fundierte Erklärung ausgemacht. Die ist einleuchtend, aber nicht so schön.

„Wie kann nor e Mensch net von Frankfort sei?"

Halten wir fest: Hessen sind nicht blind und Nassauer sind keine Schmarotzer. Sie sind derb und ohne Umschweif, reden keinem nach dem Maul, schon allein, weil sie die eigene Meinung jeder anderen vorziehen. Sie reden überhaupt mit Vorliebe, wie ihnen der Schnabel gewachsen ist („von der Lung' auf die Zung"), sind grundsätzlich respektlos und unpathetisch, aufsässig, skeptisch. Den drohenden Gesichtsausdruck haben sie sich erhalten, und weil sie sich gern an langen Tischen versammeln, kann man ihn häufig beobachten, aber es ist mehr ironisches Theater als ernsthafte Einschüchterung, ein bißchen Großspurigkeit, demonstrierte Lust am Fabulieren.

Das hat auch ihr Goethe als kostbares Erbteil seiner Frankfurter Mutter empfunden – das und die Frohnatur. Die Hessen sind begeisterte Erzähler absurder Geschichten. Datterich: „Ich schieß-der Ihne nu, wie der Deiwel, misse Se wisse, ich schieß-der Ihne e nassauische Sechskreizerstick uf sechzig Gäng aus dem Maul, ohne daß ich Ihne de Mund verletz, wann's nor soviel erausguckt…"

Der Geheimrat Goethe hat in hessischer Mundart geistvolle Gespräche geführt und unvergängliche Verse gedichtet („Ach neische, du Schmerzensreische"). Grimmelshausen war Hesse (Gelnhausen), Georg Büchner (Darmstadt), Ludwig Börne (Frankfurt). Die Bäuerin Dorothea Viehmann aus Niederzwehren bei Kassel hat den Brüdern Grimm die Märchen erzählt, mit denen diese berühmt wurden. Friedrich Stoltze hat Gedichte und Erzählungen im Frankfurter Dialekt geschrieben („Un es will merr net in mein Kopp enei: Wie kann nor e Mensch net von Frankfort sei"). Dafür wird er von den Frankfurtern mehr gelesen und zitiert als Goethe. Der ist ihnen ohnehin nicht ganz geheuer: ein Flabbes, der im Ausland Karriere gemacht hat.

Handverlesene Hessen ignorieren, daß es hinter den Hügelketten von Spessart und Westerwald noch eine Welt gibt, die man vorzeigen kann. Sie sind aber nicht hinterwäldlerisch oder fremdenfeindlich – im Gegenteil: Alle Hessen haben Verwandte in Amerika, auch wenn sie keinen von ihnen persönlich kennen.

In der Apfelweinstube in Sachsenhausen wie in der Rheingauer Heckenwirtschaf rücken sie gutwillig zusammen, um eintretenden Gästen, die sie ebenfalls nie zuvor gesehen haben, Platz zu machen. Man rückt solang, bis der erste am anderen Ende der Bank die Balance verliert. Darüber lachen sie sich schier zu Tode. Obacht: Bei zuviel Geplärr und Schunkelei handelt es sich mitunter um eine Partie aus Dortmund oder eine Reisegesellschaft aus Moers.

Engel gehen nicht durch hessische Wirtshäuser, aber in Frankfurt sitzt das „Schlippche" bei den Leuten am Tisch, in Wiesbaden das „Virreche" und in Darmstadt der „Datterich". Im Laufe des Abends wird er sich selbst zitieren und die geflügelten Worte sprechen: „Die Brieh hat so e ahgenehm Essigseire." In Hessen ist das Format der Aussage, gemessen an der Bedeutung des Gegenstands, üblicherweise eine Nummer zu klein.

Ein Land für Märchen

Das Ländchen war wohlgelungen. Wie es da lag, gleich einer handlichen Ausgabe großer schöpferischer Entwürfe, verkörperte es die Versöhnung göttlicher Selbstbeschränkung mit dem Aberwitz menschlicher Unersättlichkeit. Das Ländchen selbst war das Maß, ein Indikator der praktischen Vernunft. Nichts war zu hoch oder zu tief, zu heiß oder kalt.

Das Ländchen war im ganzen unerheblich, weder anstrengend noch anspruchsvoll. Es würde nicht am Mark seiner Kinder fressen und nicht ihr Blut saufen. Es war langmütig, verfügbar, gut zu brauchen, eine verläßliche Heimat – nie Partei. Man weiß doch, was es alles gab: das Land der Seefahrer und Himmelssöhne, der Gottsucher und Welteroberer. Das Ländchen würde keine Option erwarten und keine Schicksale verhängen. Es war moosgrün und gefleckt von zitternden Sonnenkringeln, grüngold wie reifende Ährenfelder und smaragdgrün wie Wälderseen und Nixenaugen. Es war vom Stoff der Mythen, Baugrund für Märchen, Kulisse für Dornröschenträume oder Rotkäppchenängste. Inzwischen sind sie wahr geworden, oder das Schloß und die Käppchen waren vor den Märchen da.

Das Ländchen war für Riesen und Zwerge geplant, für Heilige und Schurken. Sie haben, wie man inzwischen weiß, mit ihren Pfunden gewuchert, die Erzgießer und Elfenbeinschnitzer, die Betschwestern und Räuberbanden. Doch waren sie im Guten wie im Bösen stets faßbar, als gelte von Anbeginn die Regel, daß, so oder so, ja nicht immer alles außerordentlich sein muß. Natürlich war dafür gesorgt, daß die Flüsse manchmal über die Ufer treten und die Hochhäuser in den Himmel wachsen. An den fröhlichsten und heiligsten Plätzen sollten die Türen auf Durchzug stehen, Wein und Weihrauch sollte es im Überfluß geben. Dem irdischen Vergnügen an Domen und Spelunken war im Ländchen keine Grenze gesetzt.

Der alte Wäldergott war zufrieden. Er ließ das Ländchen, wo es war, und brach auf zum vielbesungenen endgültigen Meisterwerk.

The oak leaf

The old god of the forest liked to play with runes and wade through glades filled with foxglove. He was the god of the heather and the plateaus, the god of the wood grouse and the dragonfly. He looked like a forest ranger or charcoal burner, like a woodcutter or an herbalist. He talked to the wrens and watched the ants. His beard was matted with wild honey and brown resin; his breath smelled like blackberries on hot summer days.

One day, when he grew tired of the mountains and seas, when he had seen his fill of endless reaches and precipices, he felt the threat inherent in them. In these places, life was always filled with fear. And so he made a small land.

He made the land in a whirlwind of energy. Governed by the law of ever-changing dimensions, there grew a green land of forests and shining rivers, wide valleys for towns, bits of forest for remote hamlets. The great gardener preferred soft shapes and gentle colors. He did not let the valleys sink too low or the mountains grow into the sky, and he showered both with spring blossoms and snowflakes. That was when he invented harmony and contrast. Smiling, he reconciled the extremes. And he became curious about himself.

Above all, he loved to carve shapes in the colorful sandstone, slate and gneiss. He smoothed out the plateaus and hilltops, yet leaving enough steep cliffs for watchtowers and castles. He created valleys for fields of wheat and burned out sunny terraces for vines. His creation was to be blessed: a land green as grass, dark as the pines and gray as basalt; a land of bread and wine, almond blossoms and roses. And like a conductor, he directed the sun and clouds.

He made the land in the shape of an oak leaf, ordering the rivulets like the ribs on a leaf or the lines on a hand. He drew their beds down to meet the rivers in the North and the South, and he even made a path for the storms. In the grassy valleys and on the sides of the hills, he let the hot mineral springs bubble forth.

And he saw that everything was completed to his satisfaction: a land shaped like an oak leaf with a forest made up of many forests, with gentle lines of mountains and fertile dales, sun-warmed river valleys and wind-swept plateaus, ice-cold mountain springs and boiling hot water bubbling from deep within the earth. And he thought: how interesting it would be to see what man would do with all of this. He was a little apprehensive when he considered his plans.

Before turning his hand to his most admirable creation of divine landscaping on the isthmus where the Euphrates and Tigris empty into the sea (in present-day Iran), a kind of heavenly garden show, he looked for a place to put his land in the center of the country which would later be called Germany; indeed, it was in the geographic center of the countries which would someday be Europe. And he placed it right in the center like a bridge between quarrelling neighbors, at an equal distance from borders and cities. It can be crossed from one hostile side to the other. And what was how history began, before there even was such a thing as history.

With a heavy heart, the old god of the forest set his hand to the final masterpiece of his work as the great gardener, knowing full well that the people he had yet to create would never find pleasure in this paradise.

But the land in the center of the world, the land shaped like an oak leaf, was to be given a name by its inhabitants an eternity later: Hesse.

A touch of the South, the frosty bite of the North

This is a tale of the Land of Hesse, whose colors are red and white and whose coat-of-arms bears a lion with ten stripes on a blue background. It is a tale of landscape and agriculture, sun and snow, the hub of the universe. Hesse consists of low mountain ranges and valleys. It is divided into mountain peaks and valleys between the Rhine and the Werra rivers, the Neckar and the Weser; from the North (Bad Karlshafen) to the South (Neckarsteinach) it measures around 250 kilometers as the crow flies, and 140 kilometers from West (Hadamar) to East (the source of the Fulda). This is the distance from the Odenwald to the Rheinhardswald, from the Westerwald to the Rhön mountains. Between the Rheingau vineyards and the Upper Hessian potato fields, between the wheat flats of Wetterau and the sugar beet farms of Schwalm, the forest changes only in name. In Hesse, there are nine forests.

The land consists of a dozen landscapes. Hesse combines the contradictions of the Third Day of Creation: the riches of an industrial landscape along the Rhine and Main rivers and the rural poverty of the Knüll mountains, the gardens of the Goldener Grund and the cold accommodations in the Lower Taunus, the chic spas and the meager summer resorts, the casinos and the groups dressed in traditional costume, the artist villas built in the style of Darmstadt Art Nouveau and the opulent Baroque castles or the Hessian landgraves of Kassel, the cathedrals and enchanted towers, ruined castles and glass-paned skyscrapers; Riesling from Hochheim and Speyerling from Hochstadt, inns in Spessart and along the Lahn, with the French establishments concentrated in Frankfurt („Hibdebach"), the culinary ones in Wiesbaden and the Hessian ones in Frankfurt („Dribdebach"). Each landscape has its own scent. The perfume of apple blossoms and cornflowers, of new wine and mineral springs, of Metzelsuppe (meat broth), bonfires made from dried potato leaves and fresh bread: all of this mixed with the smell of pine cones and moss. Of all the states in West Germany, Hesse has the most forests. Forty percent of the land is covered by forest, including nine national parks, 60 nature reserves and 524 protected areas.

The altitude range does not exceed 1, 000 meters. The highest point is 950 meters (Wasserkuppe, Rhön Mountains), and the lowest point is in the West Hessian valley: just 71 meters above sea level in Lorchhausen. Hessen is a place of harmony and moderation, and yet within the range of 879 meters there is room for both frost and the harbingers of spring. The river valleys are filled with a breath of Italy. Winter makes its frosty home in the high forests, while the buds are springing forth on the riverbanks. Hochtaunus, Vogelsberg and Röhn are the domain of winter sports. Some years, the snow remains on the ground for three months, while in the valley it melts after just a few days or hours. It is said that the South begins in the Rheingau (and in Breisgau, in Markgräfler Land, Lake Constance and Munich). In any case, Riesling vines and figs, Spanish chestnuts and lemons (Johannisberg castle) all grow in this region. The Bergstraße has wine, almonds and peaches, while tobacco and asparagus grow in Ried.

These comforts of Creation do not extend to the provinces in the state's interior. Vogelsberg is one of the poorest regions in Germany. It draws attention only when the district decides to put in a new motor racetrack or a magazine reporter discovers a cozy village bakery.

Vogelsberg marks the center of the state. This mountain, an extinct volcano, lies halfway between Heppenheim and Hofgeismar as the crow flies (approximately 100 kilometers), or between Brussels and Prague (350 kilometers), or between Madrid and Helsinki (1,500 kilometers). If the bureaucrats of the European Community were to seriously consider setting up headquarters in the center of the spider's nest, the bureaucracies of the Commission and the Council of Ministers as well as the European Parliament and the Court of Justice would find a suitable location in Herbstein or in Busendorn along the Eichelbach, an idyllic tributary of the Nidda river.

From potato farmer to economic giant

It is also a tale of Hessian numbers and ratios, economic success, statistics and superlatives. The names of the cities of Wiesbaden and Frankfurt am Main speak for themselves.

Hesse is the size of Massachusetts, USA. The West German and New England states have the same population and population density as well as a number of other similarities: low mountain ranges, forests, a mild climate, poor topsoil and a strong industrial center. There are, of course, differences: Frankfurt am Main is not Boston on the Charles River (to name just one). Nor is Frankfurt Wiesbaden. Moreover, the river valleys of Massachusetts lack the uplifting atmosphere provided by southern vegetation. But otherwise, they both have migration to the cities, concentration of industry, cultural awareness, universities, museums, libraries… You could say that Hesse is a bit of Massachusetts and a bit of California.

In short: 5.6 million Hessians live in a tiny state of 21, 100 square kilometers. In the confusion of statistics, this means 251 people per square kilometer.

This kind of figure means nothing. Logically, the rough, rustic provinces are as underpopulated as the industrial centers are overpopulated. Hesse has only five major cities (four of which are located in the economic region of the Rhine and Main rivers, each of them no more than 30 kilometers apart). In addition, there are nine independent cities and 39 districts. 2.4 million Hessians live in the major cities, making up 43 percent of the population. Frankfurt, Offenbach and Kassel have a population density ranging from 2000 to more than 3000 inhabitants per kilometer, while the population density in the districts of Alsfeld, Lauterbach, Schlüchtern, Frankenberg, Hofgeismar, Hünfeld, Waldeck, Wolfhaben and Ziegenhain ranges from 71 to 90.

The Hessians often say, with a comfortable touch of self-satisfaction: „Mir strunze net, mir hunn". This is an idiomatic variantion on how to deal with the rich: if you have money, you don't have to talk about it.

Although the ever exemplary Hesse has a debt amounting to more than 23 billion marks (over 4,000 marks per inhabitant), signs of property and economic power are evident. The industrial potential of the Rhine-Main Triangle competes with the Ruhrgebiet.

Just imagine the situation: the under-developed region of potato farmers and small tradesmen has rapidly turned into an economic giant. Names and dates mark this development: Henschel, Kassel (1810), Merck, Darmstadt (1827), Leitz, Wetzlar (1849), Farbwerke Höchst (1862), Opel, Rüsselsheim (1862/1898), Degussa, Frankfurt (1873), Buderus, Wetzlar (1884).

In 1848, Henschel built the first locomotive. Today, Merck is the largest manufacturer of vitamin preparations in West Germany, and Leitz is the leading firm in the optics industry. Farbwerke Höchst claims to be the second-largest West Germany chemical company (41,000 employees). Adam Opel is the third-largest automobile manufacturer (56,000 employees). Degussa (Deutsche Gold- und Silberscheideanstalt: German Gold and Silver Refinery) is one of the most important companies in the chemical industry (12,000 employees), and Buderus is one of the largest manufacturers of finished foundry products, cement and concrete (12,000 employees).

These Hessians! They have approximately a 10 percent share of the West German export business. Their state is crossed by eight highways. They have the largest airport in Central Europe (20 million airline passengers per year), the most important junction for West German long-distance traffic (Frankfurter Kreuz), the most close-meshed road network, the Frankfurt Stock Exchange and the Frankfurt Trade Fair as well as the most impressive collection of banks and credit institutions.

The Hessians: They don't have to talk about it – they have it.

Skyscrapers and hot springs

Together, they would be unique: Wiesbaden and Frankfurt, or Frankfurt and Wiesbaden. Together, and along with their step-child, Offenbach, they would lie on the Main and the Rhine, they would form a state capital and a city of millions, a trade center and world-famous health resort. They would have the tallest buildings and the hottest springs, the most beautiful riverbanks and the wildest night life. But they are not together.

Both cities have the Taunus mountains as a backdrop, on whose slopes are situated the villas of millionaires. They both have a similar history: from the Romans to nighttime destruction by the bombs of the Second World War. And there are also similarities in the vigorous pace of reconstruction.

Wiesbaden is a city like a phoenix. In the old part of town, which is still standing, hardly a single building is more than 200 years old (with the exception of the Old Town Hall). Even the last, miserable remains of the old Roman city wall looks like an imitation of a classic archway (Heidenmauer: 1902). The fate of the community lies in its hot springs, which gushed forth like new each time a fire raged through the city in the Middle Ages and each time the town was devastated; even in the post-war years, the springs rejuvenated themselves from a pile of rubble and bubbled forth like new. There is also a spa specializing in rheumatism, to which the city owes everything. However, in an unprecedented show of strength, it was torn from the town and banished to the periphery. But then, as though plagued by remorse, Wiesbaden lovingly renovated the main building and facilities.

Frankfurt approached its reconstruction with the same kind of determination, but with more money. This city is the only one in Germany with a proper skyline. It is situated on the Main like Memphis on the Mississippi. Frankfurt has been called „Mainhatten", which presumably pleases the inhabitants. Skyscrapers dominate the plain in jarring contrast to the „gingerbread house" trim of the Roman Row, the famous Paulskirche, the cathedral and the cider-filled bliss of Sachsenhausen. A proper capital, one would think, should be centrally located, have a history as a free city and a liberal political tradition. Perhaps Frankfurt would have been the capital, had Konrad Adenauer cultivated his roses in Kronberg instead of Röhndorf. But Frankfurt never was the capital of Hesse: that was Wiesbaden.

Regarding Wiesbaden as the state capital is not a foregone conclusion, even though it was where the Duke of Hesse-Nassau had his residence. This is why the city has two castles, a prince's palace, a monument to Waterloo and the golden-domed Russian Chapel. Its past was characterized by the spa and Emperor Wilhelm, the emperor's court and the wealthy of the mid-19th century. All that remains of this is the Kurplatz with its cascading fountains, Wilhelmstraße, the May festival and the Kaiser-Friedrich baths (one of the three Roman-Irish baths in Germany). The Wiesbadeners, even those of the third and fourth generation, are extremely proud of the glory bestowed upon their health resort, which they themselves have destroyed with a certain amount of obstinacy. They have the Clinic for Diagnostics to thank for their former reputation, while the new fame is based on the citys status as the state capital, the Federal Office of Criminal Investigation and the Census Bureau.

In its own deft, business-like, successful and strange way, Frankfurt also had an appreciation for art. Someday, it will be the actual or clandestine capital of Hesse. In any case, Frankfurt is the largest city in Hesse; it has a famous university, half a dozen theaters and more than 30 museums. Frankfurt is a city of superlatives. The metropolis is home to 28 international trade fairs, 13 banks, 60 tourist offices, 37 foreign trade agencies and 59 consulates.

Together, they would be unique: beautiful and rich, cultivated and doubly international, and Hessian. Indeed, they are already joined over a distance of 12 stations in the Frankfurt public transportation network.

A shadow of irrational magnificence

And now for a dialectic view of two other Hessian cities: Darmstadt and Kassel. In the past, they were hostile sisters and are still comrades in suffering: a bit arrogant and by far too harshly punished. Both are the children of glorious eras, the remains of which they use and honor like relics.

Both cities are situated at the edge of vast mountain forests and plains, between the Odenwald and Ried, between the Habichtswald and the Fulda Valley. Both are small major cities or major small towns, provincial and cultured, self-aware and slightly extravagant. Both bloomed under the sun of royal grace; they were royal seats and capitals, suffering under the various moods of landgraves, Electors and grand dukes – to mention only a few of their troubles. Nevertheless it was the legacy of a landgrave that did the damage. Inheritance disputes led to the Hessian War and the division of the region into Hesse-Kassel and Hesse-Darmstadt.

There is also a history of the scandalous human trafficking in which the Kassel Court was engaged. The landgraves acquired peasant children and sold them to warring potentates. The laconic cliche of the human hunters after a successful campaign has in all innocence become the city's advertising slogan: "Away to Kassel." The powerful landlords and art patrons were also base scoundrels, both extravagant and greedy, art-loving and reactionary, jovial and merciless. They left behind castles and parks that were so sublime and so vast that the cities did not grow into them, like a young girl grows into the diadems of her family jewels, until after they were destroyed (70 and 78 percent). In Darmstadt there is a renaissance castle with its magnificent Baroque wings. This is the Darmstadt of Classic architect Georg Moller (Ludwigskirche, Old State Theater) and the unique Mathildenhöhe. The last Grand Duke established the artist colony of Art Nouveau masters.

In Kassel, the electorate heritage is even more overpowering, if this is possible. In Wilhelmshöhe, there is a cascading waterfall with 885 steps; an octagon dominates the ridge of the Habichtswald, crowned by the figure of Hercules; Wilhelmshöhe Castle, neighboring Löwenburg and Wilhelmsthal Castle (of François Cuvilliés) form an incomparable architectural ensemble. As described by art historian Georg Dehio, they are an impressive synthesis of landscaping and Baroque architecture (1 million visitors each year). The inhabitants of Darmstadt and Kassel have preserved a shadow of the irrational magnificence of their rulers beyond the wretched rubble heaps of their cities. The Heiners (as the Darmstädters jokingly call themselves) celebrate their city and themselves as the city of critical minds. They organize international holiday courses on modern music, music weeks in Kranichstein and the Heinerfest. They set up Darmstadt conferences and award the Georg Büchner Prize.

In reconstructing their city, the inhabitants of Kassel created a new ground plan. Naturally, they renovated existing buildings at great expense, but they were not afraid to find innovative solutions. Characteristically, present-day Kassel has more architects than dentists and more lawyers than hairdressers. Every four or five years, Kasselers of all persuasions hold a world exhibition of contemporary art ("Dokumenta") in the Fridericianum; they receive in return such spectacular productions as a meter-high pick-axe and a hole, 1,000 meters deep, on Friedrichsplatz with the pompous title of "vertical Earth kilometer".

At the end of the war, Kassel was among the cities seeking the honor of becoming the nation's capital. But for this to happen, Konrad Adenauer would have had to cultivate his roses on Brasselsberg mountain near Oberzwehren.

The Romans' nightmare

The Roman historian Tacitus had a weakness for the Germanic tribes, whom he never actually experienced firsthand. In particular, he admired the Chatten tribe. "They are led by powerful chieftains, are obedient, have proper bands of warriors, seize a good opportunity, sometimes postpone an attack, distribute their daily tasks in an appropriate manner and take cover at night. They do not trust lucky coincidences, but rather rely only on their own abilities." The name alone terrified the enemy; their battle cries must have filled their opponents with paralyzing horror. They were as belligerent as an angry buffalo and as sly as a fox. The young men let their hair and beards grow until winning their first victory in one-on-one combat. Even the cowards must have seemed terrifying. The fiercest Chatten warriors wore iron bands as a sign of their unsurpassable blood-thirsty nature. They were the first to go into battle, always fighting in the front lines. The warriors did not remove their symbolic chains until they had killed an opponent. They never put down their swords until dropping the weapon in the weakness of old age. They were the type of people best left alone.

The Chattens settled the region between the Rhine, Taunus, Werra and Diemel. The tribe's central point was old Mattium (Maden, near Gudensberg). This warrior tribe scorned the stationary life of the farmer. To the Romans, they must have seemed like giants. The only record of them handed down to us describes their hardened bodies, sinuous limbs, threatening miens, as well as unusually alert minds.

For over 200 years they fought their way about the region, forming ever-changing liaisons with the Romans (on the side of Armin in the Battle of Varus), Sugambrians, Cheruskians and Marcomans. When Roman legions crossed the Rhine, the first thing they did was fight with the Chattens, construct their Limes and, after the exertions of battle, splash about in the hot springs of Taunus (Aquae Mattiacorum: present-day Wiesbaden) – and they mined limestone near the springs (for bleaching the hair of prominent Roman ladies.

General Drusus and Germanicus as well as Caesar Domitian personally led campaigns against the Chattens, whom they usually defeated. Of course, Domitian may have deceived the Romans when he marched home victorious: his prisoners may have been only paid impostors with their hair dyed blond.

In the struggle between the Chattens and their blood relations, the Hermandurians, over the mineral springs along the Werra, the belligerent nature of these warriors burst forth impetuously. If they were to come out victorious, they vowed, they would sacrifice the entire tribe of their opponents on the altar of the gods. However, they had made this vow without consulting the gods. The Chattens lost the battle and were slaughtered themselves.

They appeared once again in the Marcoman War and in battles against the army of Caracalla. After that, they disappeared completely. They either died out fighting, or blended peacefully with the Franks. We can assume that they were the forefathers of the Hessians.

Hesse, or what was to become Hesse, remained in the family. Germanic Franks, cousins to the pirates who plied the coasts of the North Sea, approached from the Lower Rhine. Like the Chattens, they too had fought with the Romans and neighboring tribes, sometimes winning and sometimes losing. Their pirate chief, Chlodewig, crowned his victories with a politically opportune conversion to Christian Catholicism (he was baptized in Reims by Bishop Remigius). The Great Migration held little attraction for the Franks. They defeated the Alemanni and the Thuringians. Their chieftains consolidated the Frankish kingdoms, acquiring their territory through betrayal, deception and military power. They divided the duchy into earldoms and tribal districts.

The politically motivated marriage of a count of Gudensberg in the tribal territory of the Chattens was to have consequences for Hesse, which, of course, did not yet exist.

From Scotch-Irish wandering preachers, the Chattens and Franks had heard enough about Christianity and the crucifixion of the Son of God. But at first, they had little sympathy for this new religion. Either they were unable to fathom this novel teaching, like the Saxons, or they did not understand it correctly. Then Boniface appeared.

The Benedictine monk and priest from Wessex in Brittania travelled with great success throughout the Frankish earldoms, spreading the true faith with powerful words and courage. He erected crosses and, in the euphoria of those early days, founded parishes, bishoprics and monasteries, among them Amöneburg, Fritzlar and Fulda. It must have given him both satisfaction and a feeling of uneasiness to see monasteries being founded both in Hersfeld and Lorsch, while the powerful Bishop of Mainz extended his sphere of influence over the entire land.

Boniface's competence was uncontested. His missionary work was by direct order from the Pope (Gregory II: "... the savage peoples of Germania"), and he possessed letters of protection from the Frankish major-domo Charles Martel, who most probably regarded the champion of God as something of a useful idiot. Nevertheless, the missionary felt strong enough in the savage land of Germania to permit the very show of strength which even Gregory the Great had forbidden: he allowed the community of Geismar to cut down an oak tree which had been dedicated to the heathen god Donar. A large number of awestruck people gathered at the site of the ceremony. Everyone hoped that Donar would strike down the impudent cleric with a bolt of lightning. In the 8th century, miracles were not as rare as they are today. Indeed, the woodcutters had hardly applied their axes when the oak broke into four handy pieces – just perfect for building a small Christian church.

The sprightly old man continued his efforts to bend the savage people "to the gentle, sweet yoke of Christ". He was so successful that he was sainted posthumously and named the apostle of the German people.

Nursery of the empire

The earldoms of the Frankish kingdom were a nursery for the Holy Roman Empire of the German Nation (starting with Otto the Great).

As early as the 8th century, the Frankish King Charlemagne had raised the monasteries of Fritzlar, Fulda, Hersfeld and Lorsch to the status of abbeys under imperial protection. He used the gentle, sweet yoke of Christ as the basis for establishing national order, which, as we know, caused a great deal of misery for the Saxons.

And now everything is clearer; it all comes into focus. The history of Hesse begins to take shape, and the counts of the region step into the picture. The political patching of the map, caused by the affairs of powerful families, broke down into ever new and surprising patterns of color, like a kaleidoscope image. Marriage contracts and wills became the instruments of Hessian territorial power.

The story begins in 1137 with Ludwig I of Thuringia. His marriage to Hedwig von Gudensburg included a number of extra latifundia. 100 years later, the line died out. The inheritance disputes developed with the logical consistency of ritualized theatrical proceedings: threatening miens, like those observed in the Chattens, rows (the "Thuringian War of Succession"), contracts of partition. Hesse was promised to Duchess Sophie, a daughter of Saint Elizabeth, for her son Heinrich, whose father was Brabant. Indeed, it was not all of Hesse, but at least part of it: a landgraviate converted to an electorate by King Adolf in order to strengthen his own power.

And so things continued for 400 years. The rulers quarreled with the Archbishop of Mainz, extended their power, divided their territory. One of them became a landgrave at the age of 5. At 14, he took over the business of government – an amazing lad. He introduced the Reformation to Hesse, founded the first Protestant university (Marburg) and lived together with two wives. Philip the Magnanimous set the final twist to Hessian history: in 1567, he divided the land among his sons.

If in doubt, rule for the people

Philip was either a bad judge of human character or a cunning pragmatic. Perhaps he had counted on the fraternal feud in the House of Hesse. Perhaps he prevented a worse situation. It is difficult to image what would have happened if he had named the eldest of his four legitimate sons as his sole heir... Instead, he bequeathed half his lands to the first son, a quarter to the second and an eighth to each of the remaining sons. Then he advised them to work together under a joint government. This was about as effective as if he had „pinched the cow's horn", as the Hessians say.

The trouble did not boil over until the next generation, when the brothers had a falling out over a new inheritance, and thought nothing of aligning themselves against one another with the enemy powers of the Thirty Years War, with the Calvinist Darmstadt brother taking the side of the emperor. The terrible finale of the Hessian War was the final test. In the treaty of Unity, signed in 1648, the land was irreversibly divided into Hesse-Darmstadt and Hesse-Kassel. Since then, Hessian history has developed in two different versions.

Family resemblances are unmistakable. The estranged clan strove for titles: at the great expense of the land. The Darmstädter managed to become a Grand Duke, while the Kasseler belatedly earned the title of Elector – each having the right to be called Your Royal Majesty. Both clung to their privileges and sinecures in the terrible climate of the revolution, up to their ears in debt, battling any liberal approach as though it was a weed and, when in doubt, governing against the interests of the people. As rulers, the monarchs of the dual House of Hesse were untrustworthy; as diplomats, they were without instinct. As money-makers, they were unscrupulous and as landlords, excessive – if not all, then certainly most of them.

Questionable support for Napoleon

Not everyone had such marvelous ideas as Landgrave Ernst Ludwig of Hesse-Darmstadt. While he was out on the hunt, with his creditors at the door, he decided to reorganize his finances with the help of Joseph Süß Oppenheimer. He had low-value gold coins minted. The Emperor and the Empire were somewhat less enthusiastic. After ruling for over half a century, the inventive Landgrave was sitting on a mountain of debts totaling 3.5 million florins (not including the deficit of the Private Cabinet Treasury, which made up another two million).

The construction of the new Darmstadt Castle, which had already begun, could not be completed for the time being. Even Grand Landgravine Henriette Karoline several generations later had to keep her admiration of art within bounds. In her day, the Darmstadt Court was a center of Western culture. The landgravine corresponded with Voltaire and Melchior von Grimm. She formed the center of an elite group which also included military adviser and author Johann Heinrich Merck, licentiate Goethe, court minister Herder as well as the slightly crazy Luise von Ziegler and the beautiful Karoline Flachsland, who was later to become Herder's wife. These were the self-termed sentimentalists or Society of Saints. Goethe serenaded the maidens with rapturous verses. The songs fell silent after the death of the landgravine.

The next Ludwig compensated for the initial lack of political form with self-confidence. He was one of the first to joint the Confederation of the Rhine, and he was soon honored with the title of Grand Duke as Ludwig I. As history has demonstrated, his support of Napoleon was not so advantageous in the long run, and his monotonous alliances with Austria were disastrous in the German War of 1866. At least he retained his title, along with the grand duchy – until 1871, or more accurately, until 1918.

It's too late - the Hessians are coming!

The Kasseler landgraves clearly had one thing in common with their despised brothers in Darmstadt: they did not know how to handle money. They loved stately residences, imperial architecture and lush gardens. Occasionally, the Darmstadt brothers tried to save themselves with thrift. The Kassel brothers, on the other hand, tended to spend less generous amounts on other people; but they learned that it was impossible to build such beautiful castles as Wilhelmshöhe and Wilhelmsthal without unbuttoning their pockets. They were in a dilemma, if not one of their own doing. In desperation, they found a way out of the situation: they sold peasant children to warring powers. This notion was far more effective than the idea of minting bad gold pieces. A war was always going on somewhere, and the Emperor and Empire found the practice to be completely in order.

The landgraves of Hesse-Kassel were less successful in their own military undertakings, because they persistently sought out the wrong allies. In the wars of Ludwig XIV, they fought against France, with the consequence that their royal seat was occupied four times by French troops and besieged twice. Kassel formed an alliance with England against France in the Seven Years War and with Prussia and England against France in the coalition war, which temporarily cost the rulers their entire land. This episode provides a bit of color in history class: Hessen-Kassel disappeared into the kingdom of Westphalia and was governed by Napoleons brother Jerome (the "jolly king") who set up headquarters in Wilhelmshöhe Castle.

The Kassel landgraves were at least more adept in their written work, for which there is a neat phrase in the sophisticated language of diplomacy: subsidy policy. In plain language this means human trafficking. They rented Hessian armies for use in every theater of war in Europe. One of them drew attention, thereby earning a despicable reputation: In the Austrian War of succession, Wilhelm VIII came to the aid of the Austrians and Prussians by providing them with contingents of troops. It can hardly be said in his defence that he overlooked the belligerent relations between the governments of the two countries. After all, he had recruited the pawned soldiers beforehand. They were conscripted by his successor, Friedrich II, who had no qualms about implementing his plans, either. His contemporary, Schiller, described a scene which was probably quite common at the time: "Several cheeky lads stepped forward and asked the colonel, what price would the prince accept for an acre of men? Whereupon our gracious ruler had all the regiments march across the parade ground, and the gawkers were shot."

Recruited peasant boys fought on the side of the British Colonial power in the North American War of Independence. The English government paid an annual sum of 450,000 talers for the auxiliary corps of 12,000 troops. The landgrave took in 20 million talers, financed the construction of beautiful castles and left behind a considerable estate when he died.

The next Wilhelm had himself promoted to elector, although he would have preferred the title of King of the Chattens. The Vienna Congress re-established the electorate which had been gambled away. Unfortunately, the title was no longer worth anything, and Hesse-Kassel was henceforth known as the Hessian Electorate.

There were three electors to the very end. The first continued to loan out soldiers and once again introduced the traditional pigtail of the Army. He detested foreigners and had little sympathy for delegates of the people who demanded that the national treasury be separated from the elector's private coffer.

Each of the electors opposed the idea of a constitution. They abolished all constitutions or changed articles which were not to their liking. The last Hessian elector ruled against the people according to long-proven tradition. He intervened with military force in the Diet of the German Confederation to protect his right to absolute rule, almost unleashing a war between the participating German countries.

In 1866, the elector was once again on the wrong side when the Prussians marched into Hesse. The country was annexed and the elector banished to Stettin as a prisoner of the state, where he continued to cause trouble for a long time. For him, the test of strength with his people ended without serious consequences: a treaty with Prussia made sure that he would continue to receive an income from his entailed family estate.

Along with the Duchy of Nassau, two Bavarian and three Darmstadt districts as well as the free city of Frankfurt, the Hessian Electorate was incorporated into the Prussian nation as the province of Hesse-Nassau (administrative districts: Wiesbaden and Kassel) and drawn into the history of Prussia and the German Empire.

In Wiesbaden, a researcher of local history met four generations of a large family living under the same roof, and he asked them about their sense of national identity: "Surely you consider yourselves to be Germans first and foremost – but what about your home area?"

"We are from Nassau," said the great grandmother, who remembered the picture of Duke Adolf of Nassau, which hung in her parents' living room (since 1890, Grand Duke of Luxembourg).

"Prussia," said the grandmother. "Hesse," replied the mother. And then the child, "Oh, we belong to the Americans!"

After the First World War, the Grand Duchy of Hesse-Darmstadt was dissolved and Grand Duke Ernst Ludwig deposed. The country went on as the People's State of Hesse.

In 1944, the Prussian province of Hesse-Nassau was again divided into Nassau and the Hessian Electorate by the departing government of the Reich in order to please a district leader.

In 1945, the provinces, including regions of the people's state, were combined to form Greater Hesse by proclamation of the United States military government. Since 1946 the region has been known as the State of Hesse.

A variegated gallery of ancestors

Baker Bossong was a Wiesbaden original. The name of his bakery on Kirchgasse has survived him by a hundred years. In the treasure chest of Wiesbaden jokes, he has achieved a kind of minor immortality - like the sayings of the teacher Rudolph Dietz from Naurod or the minstrel Philip Keim from Diedenbergen. The joke is a dialogue with a pause between the responses. It goes like this:

Baker Bossong is very patient with his clumsy apprentice. Stift is unable to work on his own. Everything he does has to be repeated. But at least he is willing to learn.

Stift: "What should I do, Mr. Bossong?"
Bossong: "Knead the dough, like I taught you.„
Stift: "What do I do now, Mr. Bossong?"
Bossong: "Form the loaves, like I taught you."
Stift: "And what do I do now, Master?"
Bossong: "Brush the loaves with water, OK?"
Stift: "And what do I do now, Mr. Bossong?"
Bossong, slowly getting angry: "Good lord, must you ask so many questions? Put the loaves in the oven."
Stift: "And what do I do now?"
The baker, losing patience: "I'll tell you what to do! Go into the parlor and hang your rear end
                  out the window!"
Stift goes into the parlor. An hour later he is back: "And what do I do now, Master?"
Bossong, uneasily: "What did you do all that time?"
Stift: "I went into the parlor and hung my rear end out the window."
Bossong, in a panic: "For God's sake! What did the people say?"
Stift: "What did the people say? Why they said, 'Good day, Mr. Bossong.'"

This little anecdote is a schoolyard joke from the mid-19th century. Presumably the Hessians' great grandparents laughed over it as schoolboys, and whoever had actually seen Baker Bossong would find a different kind of humor in the joke. The punch line shows the relationship between the all-powerful master and his obsequious apprentice in favor of the weaker individual. Stift is the classic rascal: Eulenspiegel, Münchhausen and Schwejk all rolled up into one. The joke turns the bourgeois sense of order upside down, reverses left and right and reveals something about the Hessians (or should we say: Nassauers, Prussians, Wiesbadeners?) who are not easily bested. Presumably they cannot be understood and categorized at all. But we can try to make an approximation; it is worth the effort. Any analytical approach toward understanding the collective soul of the Hessians is a waste of time. For all their oddity, the Hessians are uncommonly forthcoming.

The Hessians are descended from the Germanic tribes and the Romans, from the Chattens, perhaps, and from the Franks. In the Hessian melting pot, with its fluid accents within the Rhineland-Franconian dialect, remnants of ethnic groupings have survived: Alemanni in the Odenwald and Wetterau, Thuringians along the Lower Werra and in northern Waldeck. The Hessians are a mixed people. Zuckmeyer, from the Rhineland-Hessian region, clarified this blend with the words: "... Try to imagine your ancestors, all the way back to the birth of Christ. You will find a Roman general, a black-haired man, brown as a ripe olive, who taught Latin to a blonde girl. Then a Jewish spice merchant comes into the family, a serious fellow who converted to Christianity before his marriage and made Catholicism the family tradition Then you will find a Greek doctor, or a Celtic legionnaire, a farm hand from the Grisons, a Swedish cavalryman, a Napoleonic soldier, a Cossack deserter, a miner from the Black Forest, a wandering miller's boy from Alsace, a stout skipper from Holland, a Magyar, a Pandour, a Viennese officer, a French actor, a Bohemian musician. All of these people lived along the Rhine, quarreling, drinking, singing and fathering children..."

The Rhine was an artery of Europe. Zuckmeyer calls it the great melting pot, the wine press. The Rhine did not mark the border of the West. That was a day's march to the east, the Upper Germanic Limes: 382 kilometers from the Rhine to Rhems, another 140 kilometers through southern Hesse. It was an impenetrable partition wall with watch towers and forts, occupied by Germany auxiliary troops who had been forced to settle there. This was the border between Latin rationality and the mysticism of the Germanic forests, between Christians and Heathens, Roman philosophy and Teutonic belligerence. The Hessian gallery of ancestors is a pack of well-shuffled playing cards which have become so worn over the centuries that their numbers and symbols are no longer recognizable, not even the color of the now meaningless trump cards.

Odysseus, the Hessian

The Hessians did not fight unconditionally for the old vengeful gods, nor did they do so for the forgiving God of the Christians. They had other reasons. The Hessians became Protestants out of loyalty, or they remained Catholics; they accepted Waldensians, Walloons and Huguenots (Kassel, Hofgeismar, Friedrichsdorf, Homburg, Neu-Isenburg, Hanau) as their neighbors and fought for a fat royal heir in exchange for meager pay. They were called blind Hessians because they were not shrewd enough to mistrust the Kassel soldier merchants (at the time it was said: "The Hessians are so blind, they cannot even see the criminal avarice of their rulers").

Another meaning of blind may be closer to the truth: In the Thuringian War of Succession, which was fought on behalf of Duchess Sophie for her son Heinrich, who was not yet of age (the child of Brabant), the Hessian troops once mistook a pile of hay for an enemy raiding party in the twilight. They fell upon it like berserk – blind with vengefulness and fury.

But this is cheap sensationalism, insulting and an excessive invention. The Hessians are never blind with vengeance and fury. Instead, they are reasonable, mistrustful and sly. The Hessians are no heros, but they would like to be viewed as heros.

Nor are the Hessians cowardly. This is well documented by examples from their history. But this does not mean that they would have taken leave of their senses in their enthusiasm for Brabant's son. They do not risk their lives without cause, "Für nix un' widder nix" (for absolutely nothing). It must be worth it to them; and before shedding blood, one should perhaps… In comparing the Hessians adventurers with the hero epics of antiquity, one thing becomes apparent: Odysseus had a certain amount of Hessian in him – the way he fooled Troy with his huge wooden horse, even taking the gods as his accomplices; the way he outwitted the man-eating giant Polyphemus; the way he had himself witching Sirens… This is all very Hessian. He wins the war and survives; he escapes the Sirens, even though he did hear their songs. Odysseus is imaginative, sly and very careful – in a word: Hessian. In the final analysis, the battle with the pile of hay (Hessian enemies speak of a pile of manure to give the story an unpleasant twist) must be interpreted from a purely psychological perspective. What actually happened was, of course, very different.

The Hessian warriors fell upon the pile of hay deliberately, knowing full well what they were doing. Later, malicious historians intent on misrepresenting the facts derided the men. They themselves were blind. The ludicrous attack was in reality a brilliant strategic operation with remarkable results.

First of all: The Hessians fooled enemy observers in the twilight. The scouts must have noticed (and reported) the fact that a raiding party from their unit had been annihilated.

Secondly: The attackers earned the respect of the civilian population with cries and clashing of weapons to obtain their requisitions of ham and sausage.

Thirdly: They could not expect the slightest resistance from a pile of hay.

Finally: The Hessians ended up as the heros. The consequences of their stratagem must be appreciated. The warriors who fought for the inheritance of others intentionally went down in history without shedding blood, although under the condition that the actual motivation for the interlude would never be revealed. And that is what happened. To the annoyance of all Hessians over the next 700 years, there was a traitor – perhaps he did it for thirty pieces of silver or because he was weary of the whole affair. The situation is conceivable. The veterans still sit together with members of the old Upper Hessian warriors' club, drinking and boasting, although any who actually saw the event have long since disappeared. And the battle becomes noticeably more terrible, the enemy more enraged and the prospects more hopeless. Then one of them politely asks to speak and orders another round for his comrades. He knows the place, the day and the hour. He knows the names of all the participants. He tells the story matter-of-factly, without embellishment. When he is finished, he places a coin on the table and leaves. Behind him a racket bursts forth, as though the battle of the hay is just beginning. Once again, this is very Hessian.

In summary, one could say that the Hessians are not blind at all. The opposite is true.

Nassau: In light of history

According to their historical reputation, the Nassauers are subject to the same insulting judgment as the Hessians, almost comparable to the Scots. The Nassauers, who, as we know, are also Hessians, must put up with the fact that their name is incorrectly used as a synonym for parasite. They are marked by the stigma of contempt. In German usage, "Schnorrer" (scrounger) means the same thing as Nassauer. This thoughtless, miserable equivocation is reinforced by a popular Darmstadt theatrical figure who never did exist. In the dialect farce by Ernst Elias Niebergall, "Datterich" (a doddering old man) is a Nassauer.

Again and again, closer examination reveals that the opposite is true. And the truth is as follows: Duke Wilhelm of Nassau designated his alma mater in Göttingen, famous as the institution which educated such renowned Hessians as Lichtenberg (from Oberramstadt) and the Brothers Grimm (from Hanau), by national treaty with the King of Hannover, as the state university for students from the Duchy. By the power of his absolute authority, he could have made studies there obligatory. But he did not, preferring to entice students with stipends and free meals. The Nassauers dined free of charge at the table of their ruler. Initially, 30 to 60 Nassauers studied in Göttingen; later, the average was 15. It is possible to imagine that young Nassau academics occasionally stayed away from the manger. Free education drew students from the lands of other rulers, who gave the correct response to the question of their origins: "Nassauer!" The term spread to other German universities and became the proverbial "Nassauer". In light of history, therefore, the Nassauers are indeed not "Nassauers". They are the only ones not capable of this. Only those who are not Nassauers have the opportunity to be "Nassauers". The etymology of the expression "Nassauer", in its meaning of scrounger and free-loader, provides another idiomatically based explanation. It is plausible, but not as nice.

How can you not be from Frankfurt?

One thing has been established: The Hessians are not blind, and the Nassauers are not parasites. They are gruff and direct, never say what they think others want to hear for the sole reason that they prefer their own opinion. In particular, they like to say exactly what is on their minds ("from the lungs to the tongue"). Basically, they are disrespectful and unemotional, rebellious and skeptical. They have retained the threatening mien and, since they like to gather at long tables, they can be frequently observed; but this is more the effect of ironic theatrics than serious intimidation, a bit flashy, a demonstration of the pleasure they find in telling a tale.

Privy Councillor Goethe carried on intellectual conversations and composed immortal poems in the Hessian dialect. Grimmelshausen was a Hessian (Gelnhausen), as was Georg Büchner (Darmstadt). Most of the fairy tales which made the Brothers Grimm famous were told to them by a peasant woman, Dorothea Viehmann, from Niederzwehren near Kassel. Friedrich Stoltze wrote poems and stories in the Frankfurt dialect. Indeed, the Frankfurters read and quote him more often than they do Goethe, whom they do not entirely trust: after all his reputation was earned abroad.

Individual Hessians ignore the fact that there is another world behind the rows of hills in Spessart and Westerwald, a world that can be seen. But they are not hillbillies or xenophobic – to the contrary: All Hessians have relatives in America, even if they have never met them in person. In the cider cafes of Sachsenhausen, as in the roadside inns of Weingau, they move over amiably to make room for new guests whom they have never seen before. They move over until the person at the other end of the bench loses his balance. Then they laugh themselves silly. With all the talk and rhythmic swaying from side to side, the visitors are clearly a party from Dortmund or a tour group from Moers. Angels do not pass through Hessian inns. Instead the colorful local figures join the people at the table: "Schlippche" in Frankfurt, "Virreche" in Wiesbaden and "Datterich" in Darmstadt. During the course of the evening they quote themselves and say the standard phrase: „The soup is nice and sour. "In Hesse, the mode of expression, measured against the significance of the object, is normally a size too small.

A fairy-tale land

The land was a success. Lying there, like a manageable version of a great creative design, it embodied a reconciliation of divine self-limitation with the sheer foolishness of human insatiability. The land itself was the measure: an indication of practical reason. Nothing was too high or too low, too hot or too cold. As a whole, the land was insignificant, neither too taxing nor too demanding. It would not eat the marrow of its children nor drink their blood. It was patient, accessible, useful, a reliable home. After all, we know what this land contained: seafaring men and saints, seekers of God and world conquerors. The land would not expect any options or impose any destinies. It was green as moss with a scattering of sunny rings, golden green like a ripening field of corn and emerald like seas of forests and a water-nymph's eyes. It was cut from the cloth of myths, the foundation of fairy tales, the backdrop for the dreams of Sleeping Beauty and the fears of Little Red Riding Hood. In the meantime, they came true, or perhaps the castle and Red Riding Hood were there before the fairy tale.

The land was designed for giants and dwarves, for saints and rascals. As we now know, they made the most of their opportunities, these brass workers and ivory carvers, the pious ones and the robber bands. And yet, in good and in bad, they were always comprehensible, as though the rule that, no matter what, things did not always have to be extraordinary, applied from the very beginning.

Naturally it was important that the rivers overflowed their banks now and then, that the buildings reached up to the sky. And the doors to the most joyful and the holiest of places should always be open; there should be an endless supply of wine and incense. The earthly pleasures of cathedrals and miserable dives were limitless in the land.

The old god of the forest was satisfied. He left the land as it was, departing to complete his much-praised and final masterpiece.

Un petit pays en forme de feuille de chêne

Tout vient de lui, le vieux dieu des bois qui aime à jouer avec les menhirs et rôder dans des clairières grandes comme des dès à coudre. Il est le roi des landes et des marais, des tétras et des libellules. Il ressemble à un garde forestier ou à un charbonnier, à un bûcheron ou à un ramasseur de plantes. Il parle au roitelet et contemple les fourmis. Le miel sauvage, la résine brune collent à sa barbe. Son souffle sent le parfum qu'émanent les framboises durant les chauds jours d'été. Tout vient de lui.

Un jour, alors qu'il s'était lassé de la mer et des montagnes, qu'il était repu d'infini et de profondeurs, il perçut les menaces qui se dégageaient de cet univers. Les hommes ne pourraient y vivre sans crainte. Il décida alors de créer le petit coin de terre.

Il créa le petit pays dans un élan joyeux. Au gré de sa fantaisie, il conçut un paysage vert de forêts et de rivières étincelantes, de larges vallées pour les villes, de boqueteaux pour les hameaux solitaires. Le jardinier de génie choisit des formes douces et des couleurs tendres. Ses vallées ne sont pas encaissées et ses montagnes n'atteignent pas les hauts du ciel. Pourtant, il répandit sur elles des fleurs printannières et des cristaux de neige. C'est à cette époque qu'il découvrit l'harmonie et le contraste, qu'il réconcilia sans peine les extrêmes. Il s'interrogea: qu'allait-il encore inventer?

Il utilisa de préférence le grès coloré, l'ardoise et le gneiss. Il aplatit les hauts plateaux et les massifs, mais laissa assez de pointes rocheuses pour les tours de guet et les châteaux-forts. Il modela des pentes pour les champs de blés et des terrasses ensoleillées pour la vigne. Son oeuvre devait être gratifiée du vert tendre des prés, du vert sombre des sapins, du gris du basalte. il la voulait aussi avec du pain et du vin, des fleurs d'amandiers et des roses. Et tel un chef d'orchestre, il dirigea la musique du soleil et des nuages.

Il donna au petit pays la forme d'une feuille de chêne et y esquissa des rivières en suivant le dessin des nervures d'une feuille ou des lignes de la main. Il leur traça un lit jusqu'aux cours d'eau du Nord et du Sud. Il indiqua leur chemin aux tempêtes et fit jaillir des sources chaudes et salées sur les prés des vallées et aux flancs des collines.

Et il vit que son entreprise avait bien réussi: il avait créé un coin de terre de la forme d'une feuille de chêne, parsemé de forêts, doté de crêtes montagneuses douces et de versants fertiles, avec des vallées baignées de soleil et des plateaux venteux, avec des sources de montagnes glacées et des fontaines d'eau bouillante qui jaillissaient des entrailles de la terre. Empli de curiosité, il se demanda alors ce que les hommes allaient faire de sa création. Il avait même un peu peur en réfléchissant à ses projets.

Avant qu'il ne se tourne vers la plus admirée de son oeuvre -le jardin d'Eden sur l'isthme de l'Euphrate et du Tigre (dans l'Iran actuel), il chercha un endroit pour le coin de terre au centre d'un pays qui plus tard s'appellerait l'Allemagne. Il fit mieux encore: il le plaça, géographiquement parlant, juste au milieu de divers pays qui formeraient un jour l'Europe. Il l'installa comme un pont qu'on jette entre des voisins brouillés, à une distance égale des frontières et des capitales de l'Est et de l'Ouest. On peut le traverser pour aller d'un bord ennemi à l'autre. C'est ainsi que commença l'histoire alors que le monde ne connaissait encore aucune histoire.

Le coeur lourd, le vieux dieu des bois s'attela ensuite à son dernier chef-d'oeuvre de jardinier génial tout en sachant que les hommes qu'ils n'avaient pas encore créés seraient incapables d'être heureux dans le paradis.

Des siècles et des siècles s'écoulèrent. Les habitants donnèrent alors un nom au petit pays central en forme de feuille de chêne: ils l'appelèrent la Hesse.

Un soupçon de Méditerranée, la morsure des gelées

Nous allons parler de la Hesse dont les armoiries représentent un lion rayé rouge et blanc sur fond bleu. Nous allons parler de nature et de cultures, du soleil et de la neige et du nombril du monde. La Hesse est composée de crêtes et de montagnes d'altitude moyennes. Un paysage d'axes montagneux et de versants se déroule entre le Rhin et la Werra, le Neckar et la Weser. A vol d'oiseau, il mesure 250 km du nord (Bad Karlshafen) au sud (Neckarsteinach) et 140 km de l'ouest (Hadamar) à l'est (Fuldaquelle). Cela représente la distance entre les régions boisées de l'Odenwald et du Rheinhardswald, du Westerwald et de la Rhön. La forêt ne fait que changer de nom entre les collines de vignobles du Rheingaue, les champs de pommes de terre de la Hesse supérieure, les champs de céréales de la Wetterau et ceux de betteraves à sucre de la Schwalm. La Hesse possède neuf forêts en tout.

Une douzaine de paysages composent le pays. La Hesse réunit les contradictions du troisième jour de la Genèse: la richesse des zones industrielles du Rhin et du Main et la pauvreté rurale des montagnes Knüll, la fertilité de la région de Wetterau et les coins arides du Tunus inférieur, les stations thermales mondaines et les villégiatures modestes, les casinos et les groupes folkloriques, les villas d'artistes des architectes de l'époque Art Nouveau à Darmstadt et les imposants châteaux baroques du comté hessois de Kassel, les cathédrales et les tours de sorcières, les ruines de châteaux-forts et les immeubles modernes des grandes compagnies d'assurances, le Riesling de Hochheim et le Speyerling de Hochstadt, les auberges du Spessart et de la Lahn et les rendez-vous des gourmets à Wiesbaden, les élégants restaurants français et les auberges rustiques de Francfort. Chaque paysage a son propre arôme. Les senteurs des pommes de pins et de la mousse se mêlent à celles des fleurs de pommiers, des bleuets, du moût de raisin, des sources salées, de la soupe au sang, des pommes de terre cuites sous la braise et du pain frais. La Hesse est le Land le plus boisé d'Allemagne fédérale. Les forêts couvrent 40 % de sa superficie et abritent neuf parcs naturels, soixante réserves botaniques et zoologiques et 524 sites protégés.

Les différences d'altitude ne dépassent pas 1000 mètres. Le massif le plus haut s'élève à 950 m (Wasserkuppe dans la Rhön). Le point le plus bas, 71 mètres, a été mesuré à Lorchausen dans l'affaissement hessois occidental. La Hesse est donc une province équilibrée. Cette différence de 879 mètres réunit pourtant les gelées et les messages printanniers sous un même toit. Un soupçon d'atmosphère italienne souffle dans les vallées. Quand les bourgeons sont en fleurs aux bords des rivières, l'hiver rude réside toujours sur les hauteurs boisées. On skie dans le Taunus supérieur, dans le Vogeslberg et dans la Rhön. Certaines années, la neige recouvre le sol de ces régions durant trois mois alors qu'elle fond au bout d'un jour ou même de quelques heures dans les vallées. On dit que le Sud commence dans le Rheingau (dans le Breisgau, au lac de Constance, à Munich) où poussent la vigne riesling, les figues, les châtaignes et les citrons (au château Johannisberg). Les vignobles, les amandiers et les pêchers longent le route dite Bergstrasse. Le tabac et les asperges sont cultivés dans les anciennes régions marécageuses du Ried.

Le créateur n'a pas été très clément pour l'intérieur de la province. Le Vogeslberg est une des régions les plus pauvres d'Allemagne. On ne parle d'elle que lorsqu'un sous-préfet, fort de ses relations importantes, intercède pour la construction d'un circuit automobile ou quand un journaliste fait un reportage sur une boulangerie villageoise communautaire.

Le Vogeslberg marque le centre de la province et du pays. Le volcan éteint se dresse entre les localités d'Heppenheim et d'Hofgeismar (à 100 km de distance de l'une et de l'autre), à mi-chemin entre Bruxelles et Prague (350 km de part et d'autre), entre les capitales Madrid et Helsinki (à distance égale de 1500 km). Si la Communauté européenne, le Parlement européen ou la Cour européenne songeaient sérieusement à établir un siège au centre de l'Europe, il leur faudrait trouver un terrain à bâtir à Herbstein ou à Busenhorn sur l'Eichelbach, un affluent ravissant de la Nidda.

Du cultivateur de pommes de terre au géant économique

Nous allons maintenant parler de chiffres et de comptes, de succès économiques, de statistiques et de superlatifs. Deux noms de villes dominent: Wiesbaden et Francfort-sur-le-Main.

La Hesse est aussi grande que le Massachussets aux Etas-Unis. Le Land allemand et l'Etat de Nouvelle-Angleterre ont aussi le même nombre d'habitants, la même densité de population ainsi que plusieurs autres ressemblances: des montagnes moyennes, des forêts, un climat tempéré, une pauvreté du sol et des villes industrielles importantes. Des différences existent naturellement. Francfort-sur-le-Main n'est pas Boston sur la Charles River (pour ne faire qu'une comparaison), mais Francfort n'est pas non plus Wiesbaden. En outre, on ne trouve pas de végétation annonçant le Sud dans les vallées du Massachussets. Par contre, les deux régions ont en commun l'émigration rurale et la concentration des industries, un sens de la culture, des universités, de hautes écoles, des musées, des bibliothèques réputées... Pourquoi ne pas le dire: en Hesse, on retrouve un peu le Massachussets avec une pointe de Californie.

En résumé: 5,6 millions de Hessois vivent sur ce petit coin de terre de 21110 km². Selon les statistiques, cela représente 251 âmes pour un 1 km².

Mais ce chiffre ne veut rien dire du tout. Comme partout ailleurs, l'homme est rare dans les endroits rudes et désolés alors que les agglomérations industrielles sont surpeuplées. Il y a cinq grandes villes en Hesse dont quatre sont situées dans la zone économique du Rhin et du Main et éloignées au maximum de trente kilomètres l'une de l'autre. En outre, on trouve neuf villes constituant par elles-mêmes une circonscription et 39 cantons ruraux. 2,4 millions de Hessois, c'est-à-dire 43 % de la population, habitent les grandes villes. La densité de la population est de 2000 à 3000 habitants au km² pour Francfort, Offenbach et Kassel. Pour les cantons ruraux d'Alsfeld, de Lauterbach, de Schlüchtern, de Frankenberg, de Hofgeismar, de Hünfeld, de Waldeck, de Wolfhagen et de Ziegenhain, elle est de 71 à 97 âmes au km².

Les habitants de la Hesse ont un solide sentiment de leur propre valeur. Une de leur devise préférée est »Je ne m'en vante pas, mais j'en ai«. Un idiome qui enseigne fort bien la manière de se comporter avec les gens riches: on ne parle pas d'argent. On en a, un point c'est tout!

La Hesse, province modèle, a certes plus de 23 milliards de marks de dettes, ce qui représente plus de 4000 marks par habitant. Mais elle peut être fière de ses possessions et de ses performances économiques. Le potentiel industriel dans le triangle du Rhin-Main rivalise avec la région de la Ruhr.

Imaginons-nous: le petit pays sous-développé de cultivateurs de pommes de terre et d'artisans modestes est devenu un géant industriel. Des noms et des dates jalonnent la route du succès: Henschel à Kassel (1810), Merck à Darmstadt (1827), Leitz à Wetzlar (1849), Farbwerke Höchst (1862), Opel à Rüsselsheim (1862/1898), Degussa à Francfort (1873), Buderus à Wetzarl (1884).

Henschel construisit la première locomotive en 1848. Merck est aujourd'hui le plus grand fabricant de vitamines en Allemagne fédérale. Leitz occupe la première place dans l'industrie de l'optique et l'usine Farbwerke Höchst la seconde dans l'industrie chimique avec 41000 employés. Le troisième producteur automobile est Adam Opel (56000 emplois). Degussa (usine de séparation des minerais d'or et d'argent) compte parmi les entreprises les plus importantes de l'industrie chimique (12000 emplois). Buderus occupe aussi le haut du pavé dans la fabrication de produits finis de fonderie, de ciment et de béton (12000 emplois).

Ces Hessois! Ils ont une participation de quelque 10 % dans l'exportation ouest-allemande. Huit autoroutes traversent leur petit Land. Ils ont le plus grand aéroport d'Europe centrale (20 millions de passagers par an), le noeud le plus important de trafic à grande distance en Allemagne de l'Ouest (le croisement de Francfort) et le réseau routier le plus dense. Ils ont aussi la Bourse et la Foire de Francfort et pour couronner le tout un nombre impressionnant de banques et d'établissements de crédits. Pour définir les habitants de la Hesse en quelques mots: ils ne se vantent pas, ils en ont.

Tours modernes et sources chaudes

Elles seraient uniques si elles étaient rassemblées: Francfort et Wiesbaden ou Wiesbaden et Francfort. Ensemble (ajoutons-y la petite soeur Offenbach) elles s'étendraient sur le Main et sur le Rhin, seraient capitale de Land et ville de millions d'habitants, métropole du commerce et station thermale de réputation mondiale. elles auraient les plus hauts édifices et les sources les plus chaudes, les plus belles rives de cours d'eaux et la vie nocturne la plus folle. Mais elles ne sont pas ensemble.

Les deux villes tournent le dos au Taunus où les villas des millionnaires s'accrochent aux versants du massif. Leur passé a des points communs, depuis les Romains jusqu'aux destructions des nuits de bombardements de la seconde guerre mondiale. Elles partagent aussi des similarités dans la rigueur de leur renaissance.

Wiesbaden pourrait être comparée à un phénix. Elle possède bien sûr sa vieille ville, mais aucune maison n'est guère plus ancienne de 200ans (exception: l'ancien hôtel de ville). Même le dernier pauvre vestige de l'enceinte romaine a seulement l'air d'être un monument antique (Heidenmauer, découvert en 1902). Le Kochbrunnen a dicté le destin de la communauté. La fontaine, une réunion de quinze sources thermales, a traversé maintes épreuves. Elle a connu les ravages de tous les siècles depuis le Moyen Age jusqu'à la dernière guerre. Elle s'est relevée des ruines et se dresse aujourd'hui, plus jeune et plus nouvelle que jamais. Alors qu'elle doit sa prospérité à ses thermes, la ville a banni à la périphérie les établissements de cures pour les rhumatismes. Mais, après avoir regretté son acte, elle a rénové avec amour le Kurhaus et les autres aménagements thermaux.

Francfort s'est montrée aussi résolue dans la reconstruction de la ville. Elle avait toutefois plus d'argent. La ville est la seule d'Allemagne à présenter une physionomie de gratte-ciel. Elle s'étend le long du Main comme Memphis sur les bords du Mississipi. On l'appelle »Mainhattan« ce qui n'est pas pour déplaire à ses habitants. Les ensembles de tours dominent l'horizon et forment un contraste étonnant avec le Römer – l'hôtel de ville aux trois pignons gothiques – l'église Saint-Paul où siéga la première Assemblée Nationale, la cathédrale Saint-Barthélemy et le quartier de Sachsenhausen aux tavernes réputées pour leur vin de pommes. Voilà une vraie métropole, pourrait-on penser, prédestinée à être la capitale de l'Allemagne de par sa situation centrale, son passé de ville libre impériale et sa tradition de politique libérale. Francfort aurait pu le devenir si Konrad Adenauer avait soigné son jardin à Kronberg plutôt qu'à Rhöndorf, près de Bonn. Francfort n'est même pas devenue la capitale de la Hesse. C'est Wiesbaden qui eut cet honneur.

On ne prendrait pas vraiment Wiesbaden pour une capitale bien qu'elle ait été la résidence des ducs de Hesse-Nassau. De ce temps, elle a gardé deux châteaux, un palais princier, un monument de Waterloo et la chapelle russe à la coupole dorée. Mais ce sont les thermes et l'empereur Guillaume 1er, la Cour et les riches des années de spéculation après 1870 qui ont façonné son passé le plus éclatant. De cette époque datent le beau square appelé Kurplatz orné de la Brunnenkolonnade (fontaine), la Wilhelmstrasse – la plus jolie promenade de la ville –, les fêtes du moi de mai et le Kaiser-Friedrich-Bad, un des trois établissement de bains romains-irlandais en Allemagne. Les habitants de Wiesbaden, même ceux des troisième et quatrième générations, sont très fiers de l'éclat de la ville de cure, même s'ils l'ont en vérité défigurée quelque peu. C'est à la clinique de diagnostics qu'ils doivent l'ancienne renommée de la ville. La nouvelle a été apportée par l'Office fédéral de la Statistique et l'Office fédéral de la Police judiciaire.

Francfort a été plus vive et plus habile en affaires. Elle a eu plus de succès et a aussi montré plus de sens artistique. Elle pourrait vraiment être la capitale de la Hesse, ce qu'elle est déjà en secret. En tous les cas, elle est la plus grande ville du Land, possède une université célèbre, une demi-douzaine de théâtres et plus de 30 musées. Francfort est une ville des superlatifs. La métropole abrite 28 foires internationales, 13 banques, 60 offices de tourisme, 37 délégations commerciales étrangères et 59 consulats. Les deux villes seraient uniques si on les associait: belles et riches, cultivées et doublement internationales et hessoises. Quant aux moyens de communications entre elles, elles sont déjà réunies sur une distance comprenant douze stations.

L'éclat ancien d'une magnificence irrationnelle

Poursuivons notre observation dialectique de deux autres villes de la Hesse: Darmstadt et Kassel. Elles étaient sœurs ennemies par le passé et sont pourtant des compagnes d'infortune qui toutes les deux ont été bien trop durement punies. Elles ont encore un grain de vanité et ont vécu des époques glorieuses dont elles conservent et vénèrent les vestiges comme des reliques.

Les deux villes s'étendent à la lisière de plaines et de grandes forêts de montagnes. L'une est située entre l'Odenwald (forêt) et le Ried (plaine marécageuse), l'autre entre Habichtswald (forêt) et la Fuldatal (vallée). On pourrait les qualifier de grandes villes de peu d'importance ou de petites villes de grande importance. Elles sont provinciales, cultivées, bien conscientes de leur valeur et aussi un peu excentriques. La grâce princière a fait d'elles des villes florissantes. Elles étaient résidences et capitales. Mais elles ont souffert également des humeurs des landgraves, des princes-électeurs et des ducs qui furent leurs maîtres. Le malheur commença avec le testament d'un landgrave. Des litiges successoraux provoquèrent la guerre de Hesse qui s'acheva par le partage du pays en Hesse-Kassel et Hesse-Darmstadt. Un dicton du terroir éclaire sur l'art de vivre en harmonie dans une grande famille: »Avez-vous vous déjà partagé?«.

Un autre proverbe rappelle l'ignominieuse traite des hommes de la cour princière de Kassel. Les landgraves vendaient à des chefs d'armées des enfants qu'ils avaient racolés dans les campagnes. Les paroles laconiques des chasseurs d'hommes après une bonne razzia: »En avant pour Kassel!«, sont aujourd'hui employées par la ville comme slogan de publicité et cela avec une candeur admirable!

Les mécènes puissants qui promouvaient les arts et l'architecture, étaient en même temps de franches canailles, des hommes dépensiers ou avares, innovateurs ou réactionnaires, joviaux ou impitoyables selon les nécessités. Ils laissèrent des châteaux et des parcs si vastes que les villes ne les englobèrent qu'après les destructions de la seconde guerre mondiale (70 et 78 pour cent). Darmstadt a son château ducal, un imposant édifice de style Renaissance avec des ailes baroques. Le maître-d'oeuvre Georg Moller construisit en style classique la Ludwigskirche (église) et l'ancien Landestheater (théâtre régional). La Mathildenhöhe est un endroit unique en son genre. C'est sur cette hauteur que le grand-duc Ernest-Louis créa la Künstlerkolonie ou colonie d'artistes en 1889.

L'héritage princier est encore plus imposant à Kassel. Dans le quartier de Wilhelmshöhe, les cascades qui forment un escalier géant de 825 marches, l'octogone grandiose couronné d'un Hercule en cuivre de près de 10 mètres de hauteur, le château de Wilhelmshöhe ainsi que ceux du Lowenburg et de Wilhelmsthal (oeuvre de François Cuvilléś) forment un ensemble architectural incomparable. Selon l'historien d'art Georg Dehio, cet ensemble réunit à merveille l'aménagement du paysage et l'architecture baroque. Il reçoit un million de visiteurs par an. Le souvenir de la magnificence irrationnelle des anciens maîtres du pays a soutenu les habitants de Kassel et de Darmstadt quand ils se sont retrouvés devant leurs villes détruites par les bombardements. Aujourd'hui, les »Heiner« (sobriquet donné aux habitants de Darmstadt) compliment leur ville et eux-mêmes en l'appelant la résidence des esprits critiques. Ils organisent pendant l'été des séminaires internationaux de Nouvelle Musique; ils ont créé les Semaines de la Musique à Kranichstein, la fête Heiner et les Débats de Darmstadt. Ils décernent aussi le prix Georg-Büchner.

Les habitants de Kassel ont reconstruit leur ville d'après un nouveau plan. Ils ont naturellement restauré à grands frais les édifices plus ou moins conservés. Mais ils n'ont pas été en peine de trouver d'autres solutions quand elles étaient nécessaires. Typique de leur mentalité: encore aujourd'hui, la ville a plus d'architectes que de dentistes et plus d'avocats que de coiffeurs. Tous les quatre ou cinq ans, Kassel abrite un forum international d'art contemporain: »Documenta« et garde toujours pour la ville un objet spectaculaire de l'exposition. On peut y admirer une pioche pointue d'un mètre ou un trou profond de 1000 mètres sur la Friedrichs-Platz au titre pompeux de: »kilomètre de terre vertical«.

Après la seconde guerre mondiale, Kassel a également aspiré à devenir la capitale de l'Allemagne fédérale. Mais pour cela, il aurait fallu que le jardin de Konrad Adenauer soit situé sur le Brasselberg à Oberzwehren.

La terreur des Romains

L'historien romain Tacite avait un faible pour les Germains bien qu'il n'en ait jamais rencontré aucun. La tribu des Chattes dut l'impressionner tout particulièrement car il écrit: »Ils mettent à leur tête des chefs qu'ils ont élus, sont obéissants, organisent de vraies unions militaires, profitent des situations favorables, peuvent reculer l'attaque, savent se partager les tâches quotidiennes et se retranchent pendant les nuits. Les hasards heureux les rendent sceptiques. Ils préfèrent compter sur leurs propres capacités.«

L'ennemi était pris d'effroi rien que d'entendre le nom de Chatte. Leur cri de guerre devait glacer les sangs. Les Chattes étaient agressifs comme une horde de boeufs excités et malins comme des serpents. Les jeunes se laissaient pousser la barbe et les cheveux jusqu'à leur première victoire en combat singulier. Les lâches se distinguaient alors par leur apparence effroyable! Les guerriers les plus féroces portaient des bagues en fer pour montrer combien ils étaient sanguinaires. Ils ouvraient les batailles, combattaient toujours en première ligne. Ils n'enlevaient leurs liens symboliques qu'après avoir tué un ennemi. Ils ne se séparaient jamais de leur épée et quand elle leur tombait des mains, c'est qu'ils ne pouvaient plus la tenir tant la vieillesse les avait affaiblis. En bref, il valait mieux ne pas se frotter à eux.

Les Chattes s'installèrent entre le Rhin, le Taunus, la Werra et la Diemel. Le centre de la tribu était Mattium (Maden près de Gudensberg). Les guerriers méprisaient la vie sédentaire et la culture de la terre. Ils devaient être des colosses aux yeux des Romains. Des textes de l'époque parlent de leurs corps endurcis, de leurs membres musculeux, de leurs expressions menaçantes et aussi d'une vivacité d'esprit insolite.

Pendant plus de 200 années, alliés aux uns ou aux autres, ils guerroyèrent contre les Romains (à la bataille de Varus au côté d'Arminius), contre ou avec les Sugambres, les Chérusques et les Marcomans. Ce sont surtout les Chattes que les Romains devaient combattre quand ils traversaient la ligne du Rhin pour bâtir le Limes. Ils retournaient ensuite se débarrasser des fatigues des batailles dans les sources chaudes du Taunus (à Aquae Mattiacorum: Wiesbaden) où ils raclaient des bords des fontaines les concrétions qui servaient à blondir les cheveux des dames romaines.

Les généraux Drusus et Germanicus ainsi que l'empereur Domitian en personne partirent en compagne contre les Chattes pour revenir le plus souvent victorieux. Il est vrai que Domitian leurra complètement ses compatriotes avec son cortège triomphal: les prisonniers étaient des comparses achetés aux cheveux teints en blond.

La nature guerrière des Chattes ne connut plus de bornes quand ils disputèrent des sources salées sur la Werra aux Hermundures qui étaient pourtant du même sang. Ils jurèrent de sacrifier toute la tribu à l'autel des dieux après la victoire. Mais ils avaient compter sans les dieux. Ils furent vaincus et massacrés eux-mêmes.

Les Chattes apparaissent encore dans la guerre des Marcomans et dans les batailles contre l'armée de Caracallas. Ensuite, on n'entend plus parler d'eux. Ils ont été soit décimés sur les champs de bataille ou, plus pacifiquement, ont fusionné avec les Francs. Il est permis de penser qu'ils sont les ancêtres des Hessois.

La Hesse qui ne portait pas encore ce nom, resta dans la famille. Des Francs, cousins des pirates vivant sur les côtes de la mer du Nord, arrivèrent du Bas-Rhin. Eux-aussi s'étaient battus contre les Romains et les tribus voisines. Leur roi Clovis couronna ses victoires en prenant une résolution bien pensée politiquement: il embrassa la foi catholique et se fit baptiser à Reims par l'évêque Remigius. Les Francs n'étaient pas un peuple migrateur. Ils assujettirent les Alamans et les Thuringiens. Leurs chefs réunirent les différentes parties de l'empire des Francs et agrandirent leurs possessions en usant d'escroquerie, de trahison, de violence. Ils partagèrent le duché en comtés et provinces.

La politique de mariage d'un comte de Gudensberg dans la région d'origine des Chattes aura des suites pour la Hesse. Mais elle n'existait pas encore sous ce nom.

L'évangélisation à la hache

Les prédicateurs venus d'Irlande et d'Ecosse avaient déjà maintes fois raconté aux Francs et aux Chattes l'histoire de la chrétienté et le sacrifice du fils de Dieu. Mais les hommes païens avaient d'abord fait la sourde oreille. Soit qu'à l'instar des Saxons, la doctrine originelle ne leur paraissait pas évidente, soit qu'ils ne l'avaient pas très bien comprise. Cette situation changea quand Boniface arriva.

Accompagné d'une suite importante, le moine bénédictin de Wessex en Grande-Bretagne parcourait les régions franques pour propager la vraie croyance à coups de paroles enflammées. Dans l'euphorie des premières heures, il planta des croix partout et fonda des paroisses, des évêchés, des cloîtres -par exemple à Amenöburg, Fritzlar, Fulda. Il dut éprouver de la satisfaction mêlée d'un certain malaise quand d'autres monastères que les siens furent aussi créés à Hersfeld et à Lorsch tandis que l'archevêque de Mainz étendait son influence sur tout le pays.

L'autorité de Boniface était incontestée. Il était directement envoyé par le pape Grégoire II pour évangéliser: »Les peuples germains sauvages«. Il possédait des sauf-conduits du maire du palais Charles Martel qui devait sans doute prendre le champion de Dieu pour un idiot utile. Toujours est-il que le missionnaire se sentit assez fort dans cette Germanie sauvage pour réaliser une prouesse passée dans les annales de l'histoire, mais que Grégoire le Grand avait pourtant interdite: dans la localité de Geismar, il fit abattre à la hache un chêne consacré au dieu païen Donar. Une foule de badauds s'était rassemblée sur les lieux de l'action dramatique. Tous espéraient que les foudres de Donar terrasseraient le religieux impudent. Au 8e siècle, les miracles n'étaient pas aussi rares que de nos jours. Ce qui arriva: les bûcherons avaient à peine levé leur hache que le chêne se brisa en quatre morceaux - de la taille adéquate pour construire une petite église.

Le vieillard alerte poursuivit sa soumission des peuples sauvages au »doux et gentil Jésus-Christ«. Il eut tant de succès qu'il fut sanctifié après sa mort et élevé au rang d'apôtre des Allemands.

Le berceau de l'Empire

Depuis Otto le Grand, les provinces du royaume franc étaient le berceau du Saint Empire romain germanique. Au 8e siècle, Charlemagne éleva les cloîtres de Fritzlar, de Fulda, de Hersfeld et de Lorsch au rang d'abbayes royales. Il se servit du doux et gentil Jésus pour assurer l'ordre et son pouvoir. Certains, comme les Saxons, en pâtirent énormément.

L'histoire de la Hesse s'esquissa à partir de cette époque. Les comtes des provinces entrèrent en jeu. Des affaires de famille modifièrent la carte historique. Les morcellements politiques se désintégrèrent comme les images d'un kaléidoscope qui prendraient sans cesse de nouvelles couleurs surprenantes. Contrats de mariage et testaments devinrent les instruments de la puissance territoriale hessoise.

Un certain Louis I de Thuringe ouvrit la danse en l'an 1137. Il épousa Hedwige von Gudensberg qui lui apporta de nombreuses terres en prime. La lignée s'éteignit cent ans plus tard. Les litiges successoraux se déroulaient avec le rituel des procès à grand spectacle: on se menaçait, on se guerroyait (les guerres de succession de Thuringe) et on rédigeait finalement des actes de partage. La duchesse Sophie, une fille de Sainte Elisabeth, reçut la Hesse pour son fils Heinrich: l'enfant de Brabant. Le territoire ne comprenait pas encore toute la Hesse actuelle, mais il s'appelait déjà la Hesse, un landgraviat que le roi Adolf avait transformé en principauté pour renforcer son pouvoir. Cet état de choses dura 400 ans. Les régnants se querellèrent avec l'archevêque de Mayence, agrandirent leurs possessions et partagèrent. L'un d'eux devint landgrave à l'âge de cinq ans et prit les affaires de l'Etat en mains quand il en eut quatorze. C'était un adolescent étonnant qui introduisit la Réforme en Hesse, fonda la première université protestante (Marburg) et vécut avec deux épouses. En 1567, Philippe le Magnanime partagea le pays entre ses fils: l'histoire de la Hesse prit sa dernière tournure.

Contre le peuple en cas de doute

Ce Philippe devait mal connaître les hommes ou était un pragmatiste roué. Il avait peut-être anticipé que les frères de la maison Hesse se querelleraient. Il a peut-être aussi évité le pire. Que serait-il arrivé si l'aîné de ses quatre fils légitimes était devenu son héritier unique? On ose à peine y penser…

Il légua donc la moitié du pays à un fils, un quart au second et un huitième au deux autres. Il leur recommanda ensuite de vivre en bonne intelligence et de gouverner ensemble. Son conseil eut autant d'effet que s'il avait »pincé la corne d'une vache«, comme on dit dans le pays. C'est-à-dire qu'il fut totalement inefficace.

Les désaccords s'aggravèrent dans la génération suivante. De nouveaux héritages créèrent des litiges virulents entre les frères. Durant la guerre de Trente Ans, ils n'hésitèrent pas à s'allier aux puissances ennemies pour lutter les uns contre les autres: le Calviniste de Darmstadt rejoignit le côté de l'empereur. La dernière épreuve fut la fin effroyable de la guerre de Hesse. Le pays était partagé en Hesse-Darmstadt et en Hesse-Kassel au traité de Westphalie en 1648. A partir de ce moment, l'histoire de la Hesse eut deux facettes différentes.

Mais on reconnaît les traits de famille. Le clan en brouille nourrissait les mêmes aspirations: les deux régnants voulaient la gloire et des titres que le pays eut à payer très cher. Le souverain de Darmstadt devint grand duc; un peu plus tard, celui de Kassel obtint le titre de prince-électeur. Tous les deux avaient le titre d'altesses royales. Ils se cramponnèrent à leurs privilèges et à leur sinécure alors que l'esprit de la Révolution soufflait autour d'eux. Ils se couvrirent de dettes, combattirent la moindre tentative libérale et gouvernèrent sans vraiment tenir compte des intérêts du peuple. Les monarques de la double maison de Hesse étaient des souverains frivoles et des diplomates sans intuition. Ils encaissaient sans aucun scrupule tout l'argent qu'ils pouvaient et construisaient sans mesure. Il y eut des exceptions parmi eux, mais elles sont rares.

Sympathie douteuse pour Napoléon

Tous n'eurent pas une idée aussi grandiose que celle du landgrave Ernst Ludwig de Hesse-Darmstadt. Quand ses créanciers commencèrent à le déranger dans les plaisirs de la chasse, il décida d'assainir ses finances avec l'aide de Süss Oppenheimer. Il fit fabriquer des pièces en or de mauvaise qualité. Une idée géniale qui enthousiasma aussi peu l'empereur que le royaume. Après un règne de plus de cinquante années, le landgrave ingénieux se retrouva avec une montagne de dettes de 3,5 millions de florins (sans compter le déficit de 2 millions dans la caisse secrète du gouvernement.

La construction du château de Darmstadt, commencée depuis peu, fut d'abord laissée en plan. Même la landgrave Henriette Caroline qui vécut deux générations plus tard, dut restreindre son goût des arts. A son époque, la cour de Darmstadt était un joyau de la culture occidentale. La célèbre landgrave correspondait avec Voltaire et Melchior von Grimm. Elle s'était entourée d'une élite qui comprenait le conseiller militaire et écrivain Johann Heinrich Merck, Johann Wolfgang Goethe, le pasteur de la cour Herder, l'extravagante Louise von Ziegler ainsi que la belle Caroline Flachsland qui devint plus tard l'épouse de Herder. Le cercle des élus se nommait les Sensibles ou la Communauté des Sanctifiés. Goethe chantait la grâce des jeunes femmes en vers exaltés. Les chansons se turent avec la mort de Henriette Caroline.

Au début de son règne, le prochain souverain du nom de Ludwig avait davantage d'assurance que de connaissances politiques. Plus tard, il fut toutefois un des premiers à entrer dans la Confédération du Rhin, ce qui lui valut bientôt le titre de grand-duc Ludwig I. Mais comme les livres d'histoire l'enseignent, les sympathies pour Napoléon ne rapportèrent à la longue que peu d'avantages et les alliances avec l'Autriche se révélèrent funestes durant la guerre allemande de 1866. Les régnants de Darmstadt conservèrent quand même leur titre et le grand duché jusqu'à 1871 -1918 pour être plus exact.

Trop tard – les Hessois arrivent!

Autrefois, les Landgraves de Kassel avaient un point commun capital avec leurs cousins haïs de Darmstadt: ni les uns ni les autres ne savaient compter. Ils aimaient les résidences imposantes et les parcs fastueux. De temps à autre, les souverains de Darmstadt tentaient de faire des efforts d'économie. Pour épargner, les Hessois préféraient compter leurs sous quand il s'agissait de les verser aux autres. Mais ils finirent par comprendre qu'on ne pouvait pas bâtir des châteaux aussi beaux que Wilhelmshöhe et Wilhelmsthal en étant pingres. Les pauvres étaient vraiment dans une situation embarrassante à laquelle ils remédièrent comme ils purent: ils vendirent des petits paysans aux puissances en guerre. Une idée bien plus astucieuse que celle de fabriquer de mauvaisess pièces d'or! Il y avait toujours des guerres quelque part et ni l'empereur ni le royaume ne trouvait à redire à ce commerce spécial.

Les landgraves de Hesse-Kassel eurent beaucoup moins de succès dans leurs propres entreprises guerrières car ils avaient toujours la malchance de s'associer aux faux frères d'armes. Ils luttèrent contre la France durant les guerres de Louis XVI et virent leur capitale occupée quatre fois et assiégée deux fois par les troupes françaises. Dans la guerre de Sept Ans, Kassel s'allia à l'Angleterre et dans la première guerre de Coalition à l'Angleterre et à la Prusse contre la France, avec pour résultat la perte momentanée de tout le pays. La Hesse-Kassel se retrouva intégrée au royaume de Westphalie. Son roi était Jérôme, le frère de Napoléon qui gouverna depuis le château de Wilhelmshöhe.

Les landgraves hessois eurent l'esprit plus fin quand ils utilisèrent à leur table de travail deux mots que la langue diplomatique appelle gentiment politique de subsides. En language vulgaire: traite des hommes. Ils louèrent leurs armées à tous les Etats européens en guerre. L'un d'eux, Wilhelm VIII, attira les foudres de deux pays sur lui. Au cours de la guerre de Succession autrichienne, il envoya des contingents à l'Autriche et à la Prusse et prétendit ensuite qu'il avait oublié que les deux gouvernements étaient en conflit. Après tout, il avait fait recruter les soldats bazardés avant le début des hostilités. Son successeur Friedrich II mobilisait tout simplement les hommes. Lui non plus ne prenait pas de gant quand il s'agissait d'imposer sa volonté. Schiller, écrivain de ce temps, a décrit une scène certainement fréquente: »Quelques gars impertinents sortirent des rangs pour demander au colonel: à quel prix le duc vend – il les hommes? – Notre prince bienveillant fit alors défiler tous les régiments sur la place d'armes et fusiller les effrontés.«

Des enfants racolés dans les campagnes combattirent au côté des troupes coloniales anglaises pendant la guerre d'Indépendance américaine. Le gouvernement anglais payait 450 000 thalers par an pour une troupe de 12 000 hommes. Le landgrave encaissa 20 millions de thalers, finança la construction de châteaux fastueux et laissa une grosse fortune à sa mort.

Le prochain landgrave du nom de Wilhelm profita de la Commission principale de la Députation d'Empire. Il se fit promouvoir prince-électeur bien qu'il eût préféré la dignité d'un roi des Chattes. Le Congrès de Vienne changea de nouveau la physionomie de l'électorat. Mais le titre d'électeur de Hesse n'avait désormais plus aucune valeur.

Il y eut encore trois princes-électeurs. Le premier continua le louage de soldats et réintroduisit le port de la tresse dans l'armée. Il haïssait les étrangers et ne comprenait pas pourquoi des représentants du peuple s'obstinaient à demander une séparation entre la caisse de l'Etat et la cassette princière privée.

Tous les trois détestaient la Constitution. Ils l'abolissaient à leur gré ou modifiaient les articles qui ne leur convenaient pas. Le dernier prince-électeur régna contre le peuple d'après la méthode éprouvée. Il obtint une intervention armée du Parlement en faveur de son règne absolutiste et faillit déclencher une guerre entre les Etats allemands impliqués.

Il se rangea de nouveau du mauvais côté en 1866. Les Prussiens vainqueurs annexèrent le pays et bannirent le prince-électeur à Stettin. Mais leur prisonnier royal ne les laissa pas encore en paix. Il se tira fort bien de l'épreuve de force avec son peuple: un contrat avec les Prussiens lui assura les revenus du patrimoine indivisible.

L'électorat de Hesse fut réuni au duché de Nassau, à deux cantons bavarois, à trois cantons de Darmstadt et à la ville libre d'Empire de Francfort pour former la province prussienne de Hesse-Nassau (circonscriptions: Wiesbaden et Kassel). L'ancien électorat entrait désormais dans l'histoire de la Prusse et de l'Empire allemand.

Un ethnologue rencontre à Wiebaden quatre générations d'une famille vivant sous un même toit et les interroge sur leur sentiment d'identité nationale: »En premier lieu, vous vous sentez certainement Allemands – mais si vous vous référez à votre région natale?«

»Nous sommes de Nassau«, dit l'arrière-grand-mère. Elle se souvient du portrait du duc Adolf von Nassau accroché dans le salon de ses parents (grand-duc du Luxembourg à partir de 1890).

»Prussiens«, répond la grand-mère. »Hessois«, dit la mère. »Hé! moi je suis avec les Américains!« s'exclame l'enfant.

Le grand-duché de Hesse-Darmstadt fut dissout après la première guerre mondiale et son souverain Ernst Ludwig destitué. Le pays devint l'Etat populaire de Hesse.

En 1944, pour faire plaisir à un Gauleiter (gouverneur de province), le gouvernement du troisième Reich en déroute partagea une dernière fois la province prusse Hesse-Nassau en Nassau et Hesse électorale.

En 1945, une proclamation du gouvernement militaire américain réunissait les deux provinces et quelques régions de l'Etat populaire – le land Hesse depuis 1946.

La galerie des ancêtres

Le boulanger Bossong était un original de Wiesbaden. Le nom de sa boulangerie située dans la Kirchstrasse lui a survécu d'un siècle. Il s'est fait une place immortelle dans le recueil des plaisanteries du terroir. L'histoire drôle est sous forme de dialogue avec un intervalle de temps entre chaque réplique. La voici:

Le boulanger Bossong doit faire preuve d'une patience d'ange avec un apprenti pataud. Le garçon est incapable d'agir de sa propre initiative. Il faut tout lui montrer. Mais il est plein de bonne volonté.

Apprenti: »Que dois-je faire, monsieur Bossong?«
Bossong: »Pétrir la pâte comme je te l'ai appris«.
Apprenti: »Monsieur Bossong, qu'est-ce que je fais maintenant?«
Bossong: »Tu formes les pains comme je te l'ai appris.«
Apprenti: »Et qu'est-ce que je fais maintenant, patron?«
Bossong: »Tu mouilles le dessus des pains avec de l'eau.«
Apprenti: »Et qu'est-ce que je fais maintenant, monsieur Bossong?«
Bossong sent la moutarde lui monter au nez:
      »Bon sang, faut-il que tu demandes toujours? Tu enfournes le pain!«
Apprenti: »Et que dois-je faire maintenant?
La patience du boulanger est à bout: »Ce que tu dois faire maintenant! File au magasin et montre ton derrière à la fenêtre!
L'apprenti part et revient une heure plus tard: »Et qu'est-ce que je fais maintenant, patron?«
Bosson, inquiet: »qu'est-ce que tu as fait pendant tout ce temps?«
Apprenti: »Je suis allé dans le magasin et j'ai montré mon derrière à la fenêtre.«
Bossong, affolé: »Dieu du ciel! Qu'est-ce que les gens ont dit?«
Apprenti: »Les gens? ils ont dit: bonjour, monsieur Bossong.«

Cette histoire amusante date environ des années 1870. Nos grands-parents en ont déjà ri quand ils étaient encore collégiens et ceux qui ont connu des »boulangers Bossong« ont certainement savouré davantage le comique de la situation. La plaisanterie favorise le plus faible dans la relation maître tout-puissant et apprenti zélé. Le garçon représente le fripon candide classique dans la littérature allemande. Il est à la fois Till Eulenspiegel, le baron Münchhausen et le brave Schwejk. La plaisanterie renverse l'ordre bourgeois et inverse le haut et le bas. Elle trahit une facette du caractère des Hessois qui ne sont vraiment pas faciles à comprendre ou à mettre dans un groupe quelconque. On peut toutefois tenter de le faire. Et cela vaut la peine d'essayer de découvrir l'âme collective de ce peuple. Il a beaucoup à offrir dans sa singularité.

Les Hessois sont les descendants des Germains, des Romains, des Chattes, si c'est vrai, et des Francs. Des vestiges de groupes ethniques existent encore dans le creuset qu'est la Hesse: des Alamans dans l'Odenwald et dans la Wetterau, des Thuringiens sur le cours inférieur de la Werra et dans la partie nord du Waldeck. Les Hessois sont un peuple mélangé. Zuckmayer, écrivain de souche rhénane-hessoise décrit d'une façon fort expressive: »... imaginez vos ancêtres avant Jésus-Christ. Voici un commandant romain, un gars noir, brun comme une olive mûre. Il a enseigné le latin à une belle fille blonde. Un marchant d'épices juif est arrivé ensuite. C'était un homme sérieux. Il s'est fait chrétien avant le mariage et a fondé une bonne tradition catholique dans la famille. Puis un médecin grec ou un légionnaire celte sont venus rejoindre le clan. Et qui sait? Peut-être un valet de Graubünd, un chevalier suédois, un grognard de Napoléon, un cosaque déserteur, un flotteur de bois de la forêt-Noire, un garçon meunier d'Alsace, un batelier bedonnant de Hollande, un Magyar, un officier viennois, un acteur français ou un musicien de Bohême – ils ont tous vécu près du Rhin, se sont bagarrés, enivrés, ont chanté et fait des enfants...

Le Rhin était une artère principale de l'Europe. Zuckmayer le nomme le grand moulin à peuples, le pressoir. Le fleuve ne formait pas la frontière de l'Occident. Celle-ci s'étendait plus loin vers l'est, à une journée de marche du cours d'eau. Elle avait 382 kilomètres de longueur depuis le Rhin à Rems dont 140 kilomètres traversaient le sud de la Hesse. Cette ligne de démarcation appelée Limes était en fait un mur fortifié avec des tours de guet et des castels. Les Romains y avaient établi de force des tribus germaniques qui leur servaient de mercenaires. Le Limes était la frontière entre le rationalisme latin et le mysticisme germanique, entre la chrétienté et le paganisme, entre la philosophie romaine et la fureur teutone. La galerie des ancêtres des Hessois pourrait être comparée à un paquet de cartes déjà tellement battues au cours des siècles qu'on ne reconnaît plus ni ce qu'elles représentent, ni même la couleur des atouts qui ont perdu leur valeur.

Les traits hessois d'Ulysse

Les Hessois ne se sont pas battus sans réserve pour les anciens dieux vindicatifs. Ils ne l'ont pas fait non plus pour le dieu chrétien qui pardonne tout. D'autres raisons ont guidé leur comportement. Ils sont devenus protestants ou restés catholiques par loyauté. Ils ont accueilli les Wallons et les Huguenots (à Kassel, Hofgeismar, Friedrichsdorf, Homburg, Neu-Isenburg, Hanau) et se sont battus en échange de maigres soldes pour que leurs princes grossissent leurs héritages. On les a appelés aveugles car ils ne furent pas assez clairvoyants pour se méfier des vendeurs de soldats de Kassel. Selon un contemporain: »Les Hessois sont si aveugles qu'ils ne reconnaissent même pas la cupidité criminelle de leurs souverains.«

Une autre interprétation va encore plus loin: durant la guerre de succession thuringienne (la duchesse Sophie revendiquait le trône pour son fils mineur Heinrich, l'enfant de Brabant), on raconte qu'à la tombée de la nuit, des troupes hessoises, aveuglées par la vengeance et la colère, auraient pris une meule de foin pour une unité de choc ennemie et auraient chargé comme des brutes déchaînées.

Cette anecdote, par ailleurs complètement fabriquée, est diffamatoire. Les Hessois ne sont pas du genre à être aveuglés par la vengeance ou la colère. Au contraire, ils sont raisonnables, méfiants et astucieux. Ils ne sont pas des héros, même s'ils voudraient être considérés comme tels.

Les Hessois ne sont pas pour autant des lâches. De nombreux exemples dans leur histoire le prouvent. Cela ne signifie pas non plus que leur dévotion pour l'enfant de Brabant aurait pu leur faire perdre la raison. Ils ne risquent pas leur vie pour rien. Il faudrait vraiment que cela en vaille la peine et avant que le sang ne coule, on pourrait peut-être… Si l'on compare les aventures hessoises aux légendes de l'antiquité, on pense immédiatement à l'Odyssée de Homère. Ulysse avait des traits hessois. Comme il a trompé Troie avec son grand cheval de bois et même acquis la complicité des dieux, comme il a dupé Polyphème, le géant mangeur d'hommes, comme il s'est fait attacher au mât de son navire pour ne pas succomber aux chants des sirènes… Toutes ces actions sont très hessoises. Il gagne la guerre, sauve sa vie, échappe aux sirènes, mais a quand même entendu leurs voix envoûtantes. Ulysse est imaginatif, malin et très prudent – en un mot: il est Hessois.

Il est grand temps de faire la véritable analyse psychologique de la bataille avec la meule de foin (des adversaires de la Hesse parlent même de tas de fumier!). Les faits se sont bien sûr déroulés tout autrement. Les guerriers hessois savaient fort bien ce qu'ils faisaient en se ruant sur une meule de foin. L'attaque si ridiculisée plus tard était en vérité une opération stratégique brillante qui eut les résultats escomptés. Premièrement: ils ont abusé les guetteurs ennemis dans la pénombre. Il fallait que ceux-ci croient qu'une de leurs unités de choc étaient éliminée et en fassent le rapport à leurs chefs. Deuxièmement: avec leurs cris sauvages et le bruit de leurs armes, les attaquants intimidèrent tant la population civile qu'elle s'empressa de les approvisionner en saucisses et en jambons! Troisièmement: une meule de foin ne représente aucun danger!

Finalement: les Hessois firent figure de héros. Il faut apprécier à sa juste valeur la portée de leur astuce guerrière. Les guerriers recrutés pour un pays étranger entrèrent dans l'histoire avec la réputation d'hommes qui évitaient les effusions de sang. A une condition toutefois: que les vraies raisons de leur intermède ne deviennent jamais publiques. Mais il y eut un traître. Et au grand dépit des Hessois, il y en a toujours un depuis 700 ans. Représentons-nous la scène. Comme depuis toujours, les vétérans et les plus jeunes sont assis à leur table de café, boivent leur bière et racontent les exploits des ancêtres. La bataille devient de plus en plus meurtrière, l'ennemi de plus en plus hargneux, la situation est désespérée… L'un d'eux demande alors poliment la parole, remplit les verres et dément. Il connaît l'endroit, le jour, l'heure et les noms de tous les participants. Il raconte avec précision, sans enjoliver. Quand il a terminé, il pose une pièce sur la table et part. Un tollé général s'élève derrière lui, comme si l'assaut de la meule de foin allait seulement être décidé. Une situation très hessoise… En résumé: les Hessois ne sont pas aveugles du tout. C'est bien le contraire qui est la vérité.

Nassauer, synonyme: parasite – une histoire d'étudiants

Au cours de leur histoire, les habitants de Nassau ont acquis une réputation encore plus mauvaise que celle des Hessois. Les Nassauer qui sont également des Hessois doivent accepter l'abus qu'on fait de leur nom: il est synonyme de parasite. En langue allemande un »Nassauer« signifie resquilleur, grappilleur, pique-assiette. A Darmstadt, un personnage populaire de comédie renforce cette comparaison irréfléchie et lamentable. Dans la pièce burlesque d'Ernst Elias Niebergall, Datterich, une figure qui n'a jamais existé, est un »Nassauer«.

Et de nouveau, un examen plus approfondi de l'histoire révèle une vérité très différente. La voici:

L'alma mater de Göttingen était réputée pour avoir été fréquentée par de grands hommes hessois tels les frères Grimm natifs de Hanau et le célèbre physicien Georg Christoph Lichtenberg. Le duc Wilhelm von Nassau passa un contrat avec le roi de Hannovre pour que l'institution devienne l'université officielle des étudiants de son duché. Il aurait pu user de son autorité absolue afin d'obliger les jeunes de son pays à aller étudier à Göttingen. Mais il préféra les attirer avec des bourses et des repas gratuits. Au début, entre 30 et 60 étudiants de Nassau, plus tard une quinzaine profitèrent de ces avantages. Comme tous ne venaient pas régulièrement à la table mise à leur disposition par leur hôte, les chaises vides attirèrent bientôt des pique-assiettes qui donnaient la réponse convenable quand on leur demandaient d'où ils venaient: nous sommes Nassauer! Le mot se répandit dans les autres universités allemandes et fut pris au pied de la lettre bien que son étymologie ne se rapporte aucunement aux habitants de Nassau. De toute façon, un »Nassauer«, resquilleur ou parasite, pouvait avoir n'importe quelle origine sauf celle de venir de Nassau car dans ce cas, lui aussi aurait joui du privilège accordé par le duc.

»Comment peut-on ne pas être originaire de Francfort?«

Nous le savons maintenant: les Hessois ne sont pas aveugles et les habitants de Nassau ne sont pas des parasites. Ils sont secs et directs et ont leur franc-parler. Ils ne disent jamais amen à ce qu'on leur raconte puisque, de toute façon, ils préfèrent leur opinion à celle des autres. Ils ne s'émeuvent pas beaucoup, sont plutôt irrévérencieux, rebelles et sceptiques. Ils ont conservé les expressions menaçantes de leurs ancêtres. On peut souvent observer cet air rébarbatif commun car ils aiment se regrouper autour de longues tables. Mais en réalité, ils ne cherchent pas vraiment à intimider. Ils jouent à être, avec un peu de crânerie et beaucoup d'ironie.

Le grand écrivain Goethe parlait avec beaucoup d'esprit en dialecte hessois et a composé des vers impérissables. Grimmelhausen, auteur de Simplicissimus, était natif de Gelnhausen en Hesse et Georg Büchner qui écrivit entre autres »La mort de Danton«, »Leonce et Lena« venait de Darmstdat. Dorothea Viehmann, une paysanne de Niederzwehren près de Kassel a raconté aux frères Grimm la plupart des contes qui firent leur célébrité. Friedrich Stoltze a écrit des poèmes et des histoires dans le dialecte de Francfort. Il est l'auteur de la phrase: »Comment peut-on ne pas être originaire de Francfort?« Les habitants de la ville le lisent et le citent plus que Goethe qui en fait leur est suspect: c'est un chenapan, il a fait carrière à l'étranger…

Quelques Hessois de vieille souche ignorent qu'un monde également intéressant s'étend au-delà des collines du Spessart et du Westerwald. Ils ne sont pourtant pas rustres ou hostiles aux étrangers. Au contraire: tous les Hessois ont des parents en Amérique, même s'ils ne les connaissent pas en personne. Dans les tavernes de Sachsenhausen où l'on boit du vin de pommes ou dans les cafés du Rheingau, ils se poussent volontiers pour faire de la place aux inconnus qui viennent d'entrer. Et ils se poussent jusqu'à ce que celui assis au bout du banc perde l'équilibre. Ce sont alors des éclats de rire à n'en plus finir. Mais attention: une table trop tumultueuse n'est certainement pas occupée par des Hessois! Des dictons fusent au cours de la soirée. Si le vin est mauvais, le Hessois dira en patois: »Le bouillon a une aigreur de vinaigre agréable.« On mesure toujours ses paroles en Hesse.

Une région de conte de fées

Le petit pays était bien réussi. Tel qu'il s'étendait là, une œuvre en miniature du génie créateur, il semblait réconcilier les restrictions divines avec l'absurdité de l'insatiabilité humaine. Le petit pays avait la juste mesure, il incarnait le bon sens. Rien n'était trop haut ou trop profond, trop chaud ou trop froid. Le petit pays était en somme modeste, ni épuisant, ni exigeant. Il ne rongerait pas ses enfants jusqu'aux os, il ne boirait pas leur sang. Il était patient, disponible, exploitable, un pays sur lequel on pouvait compter – impartial. On se souvient de tout ce qu'il y avait avant lui: le pays des marins et des montagnards, de ceux qui cherchaient Dieu et des conquérants du monde. Le petit pays n'attendrait pas d'alternative et n'imposerait aucun destin.

Il était vert comme la mousse et parsemé de taches de soleil. Il était vert or comme des champs de blés mûrs et vert émeraude comme les lacs des forêts ou les yeux des sirènes. Il était un décor pour les mythes, pour les contes. Il aurait pu renfermer les rêves de la Belle au bois dormant, les peurs du Petit Chaperon rouge. Les rêves et les peurs sont devenus réalité. Peut-être que le château et la capuche ont devancé les contes.

Le petit pays était fait pour des géants et des nains, pour des saints et des coquins. Comme on le sait maintenant, ils se sont servis de leurs talents, les fondeurs d'airain, les sculpteurs d'ivoire, les moines et les bandes de brigands. Mais, en bien comme en mal, ils étaient toujours faciles à comprendre, comme s'ils avaient tous suivi une même règle depuis le début: d'un côté comme d'un autre, les choses ne doivent pas toujours être extraordinaires.

Le créateur savait naturellement que les cours d'eaux quitteraient parfois leur lit et que des tours pousseraient dans le ciel. Il voulait que les portes restent ouvertes aux endroits les plus joyeux ou les plus sanctifiés. Le vin et l'encens devaient s'y trouver en abondance. Dans le petit pays, aucune limite ne devait être mise aux plaisirs terrestres, qu'ils soient charnels ou spirituels.

Le vieux dieu des bois était satisfait. Il laissa le petit pays où il l'avait posé et partit construire son dernier chef-d'oeuvre.

Frankfurt am Main ist die größte Stadt in Hessen, nicht die hessische Hauptstadt, aber die lebendigste, fleißigste, kultivierteste und übermütigste Stadt im Land – Metropole und Wirtschaftsgigant im Ballungsraum des Rhein-Main-Dreiecks. Frankfurt ist eine Stadt der Superlative. Es gibt dort die höchsten Häuser, die ehrwürdigste Vergangenheit. Die Gründung an einer Furt durch den Main ist legendär. Frankfurt beherbergt jährlich 28 internationale Messen und veranstaltet annähernd 150 Kunstausstellungen, Börsen und Basare. Fürs Frankfurter Volk gibt es zwischen der Frühjahrs-Dippemess im März und dem Weihnachtsmarkt 68 Belustigungen, darunter so beliebte Feste wie der Wäldchestag, 18 Stadtteilkirchweihen und (nebenstehendes Bild) das Mainfest am Untermainkai.

Frankfurt am Main is the largest city in Hesse. It is not the Hessian capital, but it is the most vibrant, hard-working, cultured and boisterous city in the state – a metropolis and economic giant in the industrial region of the Rhine-Main Triangle. Frankfurt is a city of superlatives. It has the tallest buildings, the most banks, the most expensive real estate, the highest rents and the most distinguished past. Its founding on a ford across the Main is legendary. Each year, Frankfurt hosts 28 international trade fairs and organizes 150 art exhibitions, stock markets and bazaars. Between the Frühjahrs-Dippemess (spring fair) in March and the Christmas Market, the people of Frankfurt can enjoy 68 events, including such popular festivals as Wäldchestag, 18 district fairs and (adjacent photo) the Mainfest on the Lower Main waterfront.

Bien qu'elle n'en soit pas la capitale, Francfort-sur-le-Main est la plus grande ville de Hesse. Elle est aussi la ville la plus animée, la plus culturelle, la plus progressive et la plus active du land. Elle est une métropole et une cité économique géante dans la région entre le Rhin et le Main. Francfort est une ville des superlatifs. On y trouve les plus grands immeubles, la plupart des banques, les terrains à bâtir les plus chers et les loyers les plus élevés. Elle a également un passé des plus honorables. Sa fondation sur un gué du Main est légendaire. Chaque année, Francfort abrite 28 foires internationales et organise près de 150 expositions d'art, Bourses et kermesses. Entre la foire dite Dippemess en mars et le Marché de Noël, les habitants de Francfort peuvent se divertir à 68 fêtes différentes. Parmi les plus appréciées, citons les réjouissances du Wäldchestag, 18 fêtes de quartier et à la fête du Main sur l'Untermainkai (photo ci-contre)

Die eiserne Fußgängerbrücke über den Main (sprich: Bach) verbindet die Großstadt mit der Kleinstadt, als wären's zwei Welten. Hibdebach und Dribdebach sind die beiden Seiten einer Medaille: hüben das geschäftige, mondäne Frankfurt mit Börse und Banken, drüben das urgemütliche, behäbige Sachsenhausen mit Apfelweinlokalen und bewirtschafteten Hinterhöfen, mit Dämmerschoppenoasen und Handkäsparadiesen. Im richtigen Wirtshaus sind die Frankfurter manchmal sogar in der Mehrzahl.

The iron pedestrian bridge across the Main (read: brook) connects the city proper with its smaller section like two different worlds. Hibdebach and Dribdebach are like two sides of a coin: on one side we have the busy, chic Frankfurt with Stock Exchange and banks; on the other side lies Sachsenhausen, with its cozy, comfortable charm, cider cafes and well-tended courtyards, with oases perfect for an early evening drink and paradisiacal Handkäse cheese shops. In the right restaurants, Frankfurt natives are often in the majority.

La passerelle au-dessus du Main relie deux mondes différents: une grande ville et un village. D'un côté, le Francfort des mondanités et des affaires avec la Bourse et les banques. De l'autre côté, le vieux quartier pittoresque de Sachenhausen avec ses auberges où l'on boit du vin de pommes, ses restaurants rustiques cachés au fond de cours. Le quartier est très touristique aujourd'hui, mais dans certaines brasseries pour initiés, on rencontre encore une majorité d'habitants de la ville.

Zuerst haben die Frankfurter von der eigenen Vergangenheit nicht viel wissen wollen. Nach den Luftangriffen im Zweiten Weltkrieg (Zerstörung: 75 Prozent) haben sie ihre Stadt mit veränderter Straßenführung schnell und großzügig wiederaufgebaut. Aber dann hat man mit erheblichen Kosten die alten Kleider wieder neu geschneidert: Die Fachwerkfassaden am Römerberg wurden nach historischen Abbildungen rekonstruiert. Sie sind umstritten – weniger unter Frankfurts Gästen (jährlich 1,7 Millionen) als unter den Frankfurtern selbst.

At first, the Frankfurters did not want to have much to do with their own past. After the air raids of the Second World War (75 percent destroyed), they quickly reconstructed their city on a large scale, giving it a new street plan. But then they decided to do a complete makeover at enormous expense: The framework houses on Römerberg were reconstructed on the basis of historical illustrations. They have become a controversial topic – not so much on the part of Frankfurt's visitors (1.7 million each year), as on the part of the Frankfurters themselves.

Les habitants de Francfort ne se sont tout d'abord guère préoccupés de leur passé. Après les bombardements de la seconde guerre mondiale – la ville a été détruite à 75% – ils ont reconstruit avec rapidité et avec beaucoup d'argent sans prendre l'ancien plan de la cité en considération. Mais plus tard, ils ont recréé des anciens quartiers à grands frais: les façades à colombages de la place Römerberg ont été reproduites d'après des gravures historiques. Elles sont controversées – moins cependant des visiteurs de la ville (1,7 million par an) que de ses habitants.

Das Bild vom Zentrum Frankfurts auf der rechten Seite des Flusses gibt den Eindruck der geballten Wirtschaftsmacht am Main wieder. Frankfurt ist eine moderne Großstadt (mit rund 620 000 Einwohnern an sechster Stelle in Westdeutschland), gezeichnet von den Wolkenkratzern der ersten Generation. Frankfurt wächst auf kostbarem Baugrund weiter in den Himmel. Von der Höhe des Doms schaut man der Stadt in die gute Stube. Die besten Stücke sind Andenken an die große Zeit der freien Reichsstadt.

The picture of downtown Frankfurt on the right-hand side of the river leaves the impression of concentrated economic power on the Main. Frankfurt is a modern city (its population of approximately 620, 000 makes it the sixth largest city in West Germany), characterized by first-generation skyscrapers. Standing on a high-priced foundation, Frankfurt is reaching ever higher into the sky. From the cathedral, one looks down into the city's parlor, in which the best pieces are reminders of the grand old days when Frankfurt was a Free City.

La physionomie du centre de Francfort sur la rive droite du Main reflète la puissance économique de la région. Francfort est une grande ville moderne où furent construits les premiers gratte-ciel du pays et continue de pousser en hauteur sur un sol à bâtir d'une rare cherté. Elle occupe la sixième place en RFA avec quelque 620 000 habitants. On découvre Francfort sous son meilleur aspect depuis le haut de la Cathédrale. Les plus jolis points de vue sont les monuments qui rappellent la grande époque de la ville libre d'Empire.

In der Bildmitte der Römerberg mit dem Rathaus („Römer") und den liebevoll rekonstruierten spätmittelalterlichen Bürgerhäusern Großer Engel, Goldener Greif und Schwarzer Stern; links Turm der Nikolaikirche – das Haus Wertheim gegenüber hat als einziges von etwa 2000 Fachwerkhäusern die Zerstörung überstanden; in der rechten Bildhälfte die klassizistische Paulskirche, Stätte der deutschen Nationalversammlung in den Jahren der Revolution von 1848 und 1849; links vorn die neue Schirn Kunsthalle der Stadt.

The center of the picture shows Römerberg with the Town Hall („Römer") and the carefully reconstructed, late Medieval town houses: Großer Engel, Goldener Greif and Schwarzer Stern; to the left stands the Nikolaikirche tower – the Wertheim House opposite it was the only of about 2,000 framework houses to survive destruction; the classical Paulskirche (right), site of the German National Assembly during the revolutionary years from 1848 to 1849; the city's new Schirn Center for the Arts (left front).

Au centre de la photographie, la place Römerberg avec l'Hôtel de Ville appelé Römer et les maisons bourgeoises admirablement reconstruites de style médiéval tardif. A gauche, le clocher de l'église Saint-Nicolas; la maison Wertheim en face est la seule de quelque 2000 demeures à colombages à avoir survécu aux bombardements. Sur la moitié droite de la photo, l'église Saint-Paul de style classique où la première Assemblée Nationale siéga pendant les années de la Révolution 1848-1849. Devant à gauche, le nouveau Kunsthalle (galerie d'art de la ville).

Man setzt sie in Anführungszeichen: Die „Alte Oper" stand fast 40 Jahre als ausgebrannte Weltkriegsruine auf einem der schönsten Frankfurter Plätze und sollte immer mal wieder abgerissen werden. Bürgerinitiativen und Spenden haben sie vor diesem Schicksal bewahrt (sowie das Motto auf dem Portikus: „Dem Wahren, Schönen und Guten"). 1981 wurde die „Alte Oper" mit renovierter Neorenaissancefassade als neues Konzert- und Kongreßzentrum wiedereröffnet (großer Saal für 2500, Olymp für weitere 500 Besucher).

This name is placed in quotation marks: For over 40 years, the "Old Opera House" consisted of burnt-out war ruins standing on one of the most beautiful squares in Frankfurt and was often scheduled to be torn down. As a result of citizens' initiatives and donations, the building was spared this fate (along with the motto over the portal: "To the truth, the beautiful and the good"). In 1981, the "Old Opera House" was re-opened as a music and conference center with a new Neo-Renaissance facade.

On met son nom entre guillements: »l'ancien Opéra« qui, durant près de quarante années, fut une ruine de guerre sur une des plus belles places de la ville en attendant qu'on le rase définitivement. Des actions organisées par les habitants et des dons lui évitèrent ce destin. La devise sur son portail: »Au vrai, au beau et au bon« a retrouvé sa véracité aujourd'hui. En 1981, l'ancien Opéra, renové avec une façade de style néo-Renaissance, était inauguré comme salle de concert et centre de congrès. 2500 personnes peuvent s'asseoir dans la grande salle, 500 autres dans la galerie.

Der Kontrast ist das Charakteristikum des heutigen Frankfurt, dessen Reiz sich auch Gegner zeitgenössischer Bauweise gelegentlich nicht entziehen können – alte Fassaden neben moderner Monumentalarchitektur: die Zwillingstürme der Deutschen Bank. Die Messestadt Frankfurt lockt jährlich etwa 30 000 Aussteller und drei Millionen Messegäste an. Es gibt auf dem Messegelände zehn Ausstellungshallen sowie eine Festhalle für Sechstagerennen und Eisrevuen. Die Eingangshalle (Foto) dient auch als Kunstgalerie.

Contrast is what characterizes present-day Frankfurt, whose charm occasionally captivates even those with little appreciation for contemporary architecture – old facades next to monuments of modern architecture: the twin towers of the Deutsche Bank. The trade fair city of Frankfurt attracts approximately 30,000 exhibitors and three million trade fair visitors each year. The trade fair center contains ten exhibition pavilions as well as a permanent hall for six-day races and ice shows. The entrance pavilion (photo) is also used as an art gallery.

Les contrastes caractérisent le Francfort actuel que même les adversaires de l'architecture moderne apprécient sur certains aspects – des vieilles façades à côté des deux tours jumelles monumentales de la Deutsche Bank. La ville de foires Francfort attire chaque année quelque 30 000 exposants et trois millions de visiteurs. 10 halls d'expositions, un palais des fêtes où se déroule la course cycliste des six jours s'étendent sur le terrain du parc des expositions. Le hall d'entrée sert aussi de galerie d'art (photo).

Der Frankfurter Hauptbahnhof ist der zentrale Kopfbahnhof im westdeutschen Schienennetz – beiläufig: der größte in Europa. Täglich kommen und gehen 250 000 Passagiere, 1600 Fernzüge und 700 S-Bahn-Züge. Das Netz des Frankfurter Verkehrsverbundes umfaßt einen Großraum mit dem Radius von etwa 30 Kilometern. Es reicht von Wiesbaden bis Hanau und von Darmstadt bis Friedberg. Der Bahnhof ist zudem ein apartes Baudenkmal der wilhelminischen Architektur mit imponierender Fassade. Über dem Riesenportal Atlas mit der Weltkugel.

The Frankfurt main train station is the central terminus for the West German railway network, and also the largest in Europe. Approximately 250,000 passengers, 1,600 long-distant trains and 700 suburban rail trains come and go every day. The Frankfurt transport authority network covers a large area with a radius of approximately 30 kilometers. It extends from Wiesbaden to Hanau and from Darmstadt to Friedberg. The train station, with its imposing facade, is a distinctive monument to Wilhelminian architecture. Atlas stands with his globe above the enormous entrance.

La gare centrale de Francfort est la plus grande gare de tête de ligne d'Allemagne et d'Europe. 250 000 passagers, 1600 trains rapides et 700 trains de banlieue y arrivent ou en partent chaque jour. Le réseau de transport urbain de la ville dessert les environs sur un radius de 30 kilomètres – de Wiesbaden à Hanau et de Darmstadt à Frieberg. La gare est aussi un monument intéressant d'architecture wilhelmienne. Atlas supportant le globe terrestre surmonte le portail immense de la façade imposante.

Apfelwein ist das Frankfurter Volksgetränk, Sachsenhausen am linken Mainufer das Apfelweinviertel – „Äppelwoi", sagen die Frankfurter, und „Dribdebach". Das alte Sachsenhausen ist eine einzige große Wirtschaft mit annähernd 100 gemütlichen und originellen Stuben und Hinterhöfen. Manche Apfelweinkneipen sind in den Ländern der westlichen Welt so berühmt wie das Hofbräuhaus in München oder der Drosselhof in Rüdesheim. Die Frankfurter weichen vor so viel Begeisterung in bislang noch weniger populäre Wirtshäuser des Apfelweinviertels aus.

Cider is the traditional drink of Frankfurt; and Sachsenhausen, on the left bank of the Main, is the cider quarter ("Äppelwoi", as the Frankfurters call it) and also known as "Dribdebach". Old Sachsenhausen is one big tavern with almost 100 unique, cozy pubs and courtyards. Some cider pubs are as famous throughout the West as the Hofbräuhaus in Munich or the Drosselhof in Rüdesheim. In the face of all this enthusiasm, the natives retreat to other taverns in the cider quarter which have not yet become so popular.

Sachsenhausen, situé sur la rive gauche du Main, est le haut lieu du vin de pommes – Äppelwoi – ainsi que les habitants de la ville appellent leur boisson nationale. Le vieux-Sachsenhausen est un immense débit de boissons composé d'une centaine de cafés sympathiques et pittoresques. Certains sont aussi réputés dans le monde que les brasseries Hofbräuhaus à Munich ou Drosseldorf à Rüdesheim et si touristiques que les habitants de Francfort doivent se réfugier dans les établissements qui n'ont pas encore été découverts.

Der Frankfurter Flughafen Rhein-Main in unmittelbarer Nachbarschaft des Frankfurter Kreuzes zählt zu den meistbeschäftigten Airports in Europa. Bei täglich rund 800 Starts und Landungen werden im Jahr rund 26 Millionen Flugpassagiere abgefertigt (an einem hektischen Tag bis zu 80 000 – die Einwohnerzahl einer Stadt wie Minden). Rhein-Main wird von mehr als 90 Liniengesellschaften und über 200 Charterunternehmen angeflogen. Jährlich werden außerdem ungefähr eine Million Tonnen Luftfracht umgeschlagen.

The Frankfurt Rhine-Main Airport, which is situated in the direct vicinity of Frankfurter Kreuz, is one of the busiest airports in Europe. With the number of take-offs and landings amounting to approximately 800 each day, around 26 million passengers are checked through annually (on a hectic day, this figure can be up to 80,000: the population of a city the size of Minden). More than 90 commercial airlines and over 200 charter companies operate services out of Rhine-Main. In addition, approximately 1 million metric tons of air freight are handled each year.

L'aéroport de Francfort Rhin-Main situé tout près du croisement de Francfort est une des plaques-tournantes principales d'Europe. 800 avions décollent ou atterrissent chaque jour. 26 millions de passagers y sont enregistrés chaque année. (Jusqu'à 80 000 en certains jours animés – ce qui représente le nombre d'habitants d'une ville comme Dunkerque). Plus de 90 lignes régulières et plus de 200 compagnies de charter utilisent l'aéroport. Un million de tonnes de fret y est transbordé annuellement.

Am Stadtrand von Frankfurt verknoten sich die Verkehrswege zu Lande und in der Luft wie sonst nirgends in Deutschland. Frankfurt Airport ist der größte Flughafen in Mitteleuropa. Das Autobahnkreuz Frankfurt („Frankfurter Kreuz") verknüpft die wichtigsten Fernstraßenverbindungen der Bundesrepublik miteinander (E4 und E5: Ruhrgebiet-Basel-Zürich und Hamburg-München-Wien). Der Rhein-Main-Schnellweg ist die meistbefahrene Straßenverbindung zwischen zwei deutschen Städten.

On the outskirts of Frankfurt, the knots of land and air traffic are unparalleled anywhere else in Germany. Frankfurt Airport is the largest airport in Central Europe. The Frankfurt highway intersection ("Frankfurter Kreuz") links the most important highways in the Federal Republic of Germany (E4 and E5): Ruhrgebiet-Basel-Zurich and Hamburg-Munich-Vienna. The Rhine-Main Expressway is the most-travelled road between two German cities.

Nulle part ailleurs en Allemagne, le réseau routier et aérien n'est aussi dense qu'aux abords de Francfort. L'aéroport de Francfort est le plus grand d'Europe Centrale. Le croisement d'autoroutes de Francfort est composé des deux autoroutes les plus importantes du pays (la F4 et la F5). L'une relie le bassin de la Ruhr à Bâle et à Zurich, l'autre Hambourg à Munich et à Vienne. La voie rapide Francfort-Wiesbaden est la route la plus fréquentée entre deux villes allemandes.

Die Höchster Altstadt ist ein lebendiges Freilichtmuseum mit Fachwerkhäusern und einladenen Wirtschaften. Die selbstbewußte Stadt gehört heute zu Frankfurt – Stadtteil seit 1928. Der Schloßturm (Seite 64) einer Wasserburg aus dem 14. Jahrhundert ist ein Wahrzeichen der Stadt Höchst (seit 1355) – Handelsplatz an Main und Nidda. Der Bergfried hat alle Zerstörungen durch Krieg und Restauration überstanden, indes vom Renaissance-Schloß der Mainzer Erzbischöfe nur der vierte Teil übrigblieb (heute: Museum für Heimatkunde).

The old part of Höchst is a living open-air museum with framework houses and inviting taverns. The self-confident city now belongs to Frankfurt; it has been a city district since 1928. The tower of a Wasserburg (castle built in the water) (page 64), dating back to the 14th century, is the symbol of the town of Höchst (since 1355), a trading center on the Main and Nidda rivers. The castle keep survived all attempts to destroy it by war and during Restoration. However, only a quarter of the Renaissance castle of the Archbishop of Mainz has survived (today it is the Museum of Local History).

La vieille ville de Höchst est un véritable musée en plein air avec ses maisons à colombages et ses auberges accueillantes. La tour d'un château du 14e siècle (page 64) domine la physionomie de l'ancienne ville de Höchst, cité de commerce sur le Main et la Nidda depuis 1355 et rattachée à Francfort en 1928. Le donjon a survécu à toutes les dévastations des guerres alors que le château Renaissance des archevêques de Mayence était détruit aux trois quarts. Il abrite aujourd'hui le Musée des Arts populaires.

Die Weltstadt Frankfurt liegt Kronberg und Königstein zu Füßen. Die Städtchen im Taunus sind Luftkurorte und Villenvororte der Main-metropole. Die ideale Lage an den Südhängen des Taunus bestimmt die Grundstückspreise. Der Blick von Terrassen in 362 Metern Höhe ist überwältigend. Schloß Kronberg mit markan-tem Bergfried thront auf einem Bergsporn des Altkönig und stammt vermutlich aus dem Anfang des 13. Jahrhunderts. Die Oberburg mit dreieckigem Grundriß ist Kern der staufi-schen Anlage. Sie kann im Inneren teilweise besichtigt werden.

The Frankfurt cosmopolitan area lies at the foot of Kronberg and Königstein. These towns in the Taunus are fresh-air health resorts and villa-filled suburbs of the metropolis on the Main. The view from terraces at a height of 362 meters is overwhelming. Kronberg Castle, with its prominent keep, crowns the Altkönig on a spur of the mountain and probably dates back to the early 13th century. The upper part of the castle has a triangular layout and forms the heart of the Staufen castle grounds. Parts of the castle are open to the public.

La métropole de Francfort s'étend aux pieds de Kronberg et Königstein. Les petites villes dans le Taunus sont à la fois stations climati-ques et banlieues résidentielle. Sa situation idéale sur un versant sud du Taunus en fait un lieu d'habitation extrêmement cher. Située à 362 mètres d'altitude, elle offre un panorama magnifique sur Francfort. Le château Kron-berg, dominé par un donjon impressionnant, se dresse sur un éperon rocheux. L'édifice supé-rieur en forme de triangle constitue le coeur du château des Staufen qui aurait été bâti au début 13e siècle. On peut en visiter quelques parties.

Die Taunusgemeinde Kronberg mit reizvoller Altstadt ist seit Jahrzehnten bevorzugter Wohnsitz wohlhabender Frankfurter Banker und Geschäftsleute, Aristokraten und arrivierter Künstler. Kostbare Villen, ein exklusives Warenangebot und raffinierte Gourmetrestaurants bekunden, wo der Reichtum auch zu Hause ist – 20 Minuten vom Parkhaus in der Frankfurter City. Das Schloß hat im Zweiten Weltkrieg Beschädigungen erlitten. Es ist heute im Besitz der hessischen Landgrafen.

For decades, the Taunus community of Kronberg, with its charming old section, has been the preferred residence of well-to-do Frankfurt bankers, businessmen, aristocrats and successful artists. Expensive villas, an exclusive offering of merchandise and sophisticated gourmet restaurants announce where the wealth lies: 20 minutes from the parking garage in downtown Frankfurt. The castle suffered damage during the Second World War. Today, it is owned by the Hessian landgraves.

Kronberg possède un vieux quartier empreint de charme. Depuis des décennies, la commune est un lieu de résidence apprécié des banquiers, des industriels, des aristocrates et des artistes connus de Francfort. De somptueuses villas, des magasins et des restaurants luxueux révèlent où les riches se sont installés: à vingt minutes du parking de Francfort-city. Le château a subi de graves dommages durant la seconde guerre mondiale. Il est aujourd'hui la propriété des landgraves de Hesse.

Der Kaiser Wilhelm hat Bad Homburg geliebt, vor ihm die Landgrafen, nach ihm der König von Siam, der Zar und der Prince of Wales. Sie alle haben dem berühmten Heilbad ein repräsentables Andenken hinterlassen: der deutsche Kaiser das Kaiser-Wilhelm-Bad mit Bronzedenkmal (oben links), Zar Nikolaus II. die Russische Kapelle (oben rechts), der König Chualongkorn einen siamesischen Tempel (unten links), Landgraf Friedrich II. das frühbarocke Residenzschloß mit Weissem Turm (unten rechts) und der Prince of Wales den Homburg (Hutmuseum, nicht im Bild).

Emperor Wilhelm loved Bad Homburg; before him, it was the landgraves and after him the King of Siam, the Czar and the Prince of Wales. They all left behind a reminder of themselves in the famous spa: the German Emperor left the Kaiser Wilhelm Baths as a memorial (top left), Czar Nicholas II the Russian Chapel (top right) King Chualongkorn a Siamese temple (bottom left), Landgrave Friedrich II the early Baroque royal castle with its white tower (bottom right) and the Prince of Wales the Homburg (hat museum – not pictured).

L'empereur Guillaume adorait Bad Homburg. Avant lui, les landgraves et après lui, le roi de Siam, le tsar de Russie et le prince de Galles l'aimèrent tout autant. Chacun d'eux y a laissé un monument. L'empereur allemand a fondé le Kaiser-Wilhelm-Bad (établissement thermal) (en haut à gauche), le tsar Nicolas II la chapelle russe (en haut à droite), le roi Chualongkorn le temple siamois (en bas à gauche) et le landgrave Friedrich II a fait bâtir le château baroque (en bas à droite). Le prince de Galles a laissé le Homburg (le musée des chapeaux n'est pas visible sur la photo).

△ Kaiser Wilhelms Bad

▽ Kurpark, Siam. Tempel

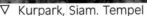

△ Kurpark, Russische Kapelle

▽ Landgrafenschloß

Der Große Feldberg ist der höchste Taunushügel (880 Meter) – im Sommer Wanderrevier, im Winter verhältnismäßig sicheres Skigebiet. Auf dem kahlen Gipfelplateau gibt es einen Fernsehturm (70 Meter), einen Aussichtsturm mit Wetter- und Erdbebenwarte (70 Meter) und ein Hotel. Die Saalburg (einzig wiederaufgebautes Limeskastell) ist ein rekonstruiertes Römerlager auf der Paßhöhe bei Bad Homburg, gefördert von Kaiser Wilhelm II. Das Kohortenkastell aus dem 3. Jahrhundert bewahrt die Ringmauer (vier Tore), Hauptgebäude, Magazin und Feldherrnquartier.

Großer Feldberg is the highest elevation in the Taunus (880 meters) – a popular hiking spot in summer and a relatively safe skiing area in winter. The bare plateau on its peak contains a television tower, an observation tower with weather and earthquake station and a hotel. Saalburg castle (the only restored Roman Limes) is a reconstructed Roman camp in the pass near Bad Homburg, a project promoted by Emperor Wilhelm II. The Roman cohort fort, which dates back to the 3rd century, contains the Ringbauer (four gates), main building, arsenal and commander's quarters.

Le Grand Felberg est le plus haut massif du Taunus (880 m). On peut y faire des randonnées en été et du ski en hiver. Une tour de télévision (70 m), un observatoire météorologique et sismique (70 m) et un hôtel se dressent sur le plateau aride. La Saalburg est le seul castel reconstitué de la ligne du Limes. L'empereur Guillaume II encouragea la reconstruction de l'ancien poste fortifié romain situé près de Bad Homburg. Le castel, édifié sur des fondations et bases de murs antiques du 3e siècle, comprend quatre portes, des bâtiments principaux, un arsenal et les quartiers des généraux.

GVILELMVS II FRIDERICI III FILIVS GVILELMI MAGNI NEPOS
ANNO REGNI XV IN MEMORIAM ET HONOREM PARENTVM
CASTELLVM LIMIT ROMANI SAALABVRGENSE RESTITVIT

IMPERATORI

Idstein im Wörsbachtal am Nordwestabhang des Taunus bewahrt und pflegt hingebungsvoll die mittelalterliche Gestalt. Die kleine Stadt, reich an Fachwerk und Schnitzereien, geschweiften Giebeln und Haubenlaternen, war Residenz und Grablege der Grafen von Nassau-Idstein, einer der vielen Seitenlinien des Hauses. Die umgebaute gotische Pfarrkirche mit Grabmalen war Schauplatz der Union von Lutheranern und Reformierten im Herzogtum. Über die alten Dächer erhebt sich der Hexenturm aus dem 15. Jahrhundert – Idsteins Wahrzeichen.

Idstein in Wörsbachtal on the northwestern slopes of the Taunus, is devoted to the preservation and cultivation of its Medieval character. The town, rich in framework houses and carvings, rounded gables and hooded street lamps, was the royal seat and final resting place of the counts of Nassau-Idstein. The reconstructed Gothic parish church with its sepulchers was where the union between the duchy's Lutheran and Reformed Churches took place. Above the old rooftops rises the 15th century enchanted tower; the symbol of Idstein.

Idstein, située dans la vallée du Wörsbach sur un versant nord-ouest du Taunus, a conservé sa physionomie médiévale. La charmante ville ancienne aux nombreuses maisons à colombages était autrefois le résidence des comtes, plus tard princes de Nassau-Idstein. L'église paroissiale de style gothique, transformée aux 17e et 18e siècle, renferme de nombreuses pierres tombales et le mausolée des princes de Nassau. C'est dans ses murs qu'eut lieu l'union des Luthériens et des Réformés du duché. La tour des sorcières, vestige d'un château féodal, domine les toits de la ville.

Walsdorf wäre bei einer Wanderung durch den Goldenen Grund zu entdecken: nicht als einziges neben Hünengräbern und Limesüberresten, Nieder- und Oberselters mit den Selterswasserquellen – und überhaupt das Emsbachtal ... Gewiß nicht einzig, aber doch einzigartig: auf dem platten Land ein befestigtes Dorf mit Fachwerkhäusern auf der Wehrmauer und dem runden gotischen Turm der mittelalterlichen Verteidigungsanlage, ein Dorf wie aus Kindheitserinnerungen, Dorfwirtschaften mit Apfelwein und Handkäs, Schlachtfest und Männergesang ...

On a hike through the Goldener Grund, Walsdorf would be worth discovering, not the only place with gigantic graves and Limes ruins, the Upper and Lower Selters with their Selters water springs, not to mention Emsbachtal ... Not the only place, perhaps, but definitely unique: the flat terrain contains a fortified village with framework houses on the defense wall and the round Gothic tower of the Medieval fortifications; a village from a childhood memory – village taverns with cider and Handkäs cheese, country feasts and mens' choruses.

La région du Wetterau abrite un coin charmant peu connu: outre des vestiges du Limes, la Selter inférieure et supérieure avec les sources d'eau de Seltz, la vallée de la Emsbach, il faut voir Walsdorf qui n'est pas unique, mais très particulier: dans la plaine, un village fortifié aux maisons à colombages collées aux remparts et la tour gothique de l'enceinte médiévale. Un village comme dans les souvenirs d'enfance avec l'auberge qui embaume le vin de pommes, le jour où l'on tue le porc, la chorale des hommes ...

Noch eine Entdeckung an der Hochtaunus-straße: Die Kreuzkapelle auf der Hochebene mit Getreidefeldern und einsamen Baumgruppen schaut aus großen Glasfensteraugen weit über das Land – ein schöner, friedlicher Aussichtspunkt mit Blick auf Camberg, ins untere Emsbachtal und zu den Segelfliegern über Hünfelden. Von Camberg führt ein Kreuzweg mit barocken Leidensstationen herauf. Die kleine Kapelle auf dem Grundriß eines griechischen Kreuzes hat viele getröstet, die in Verzweiflung den Weg zu ihr fanden.

Another discovery along the Hochtaunus road: the Kreuzkapelle on the plateau, with wheat fields and lonesome stands of trees, looks far across the land with its large glass window eyes – a beautiful, peaceful vantage point with a view of Camberg in the lower Emsbach Valley, with gliders sailing across the vast fields. From Camberg, a road ascends the mountain with Baroque Stations of the Cross along the way. The small chapel in the shape of a Greek cross has comforted many who found their way to it in desperation.

Un autre coin secret sur la route du Taunus: la chapelle de la Croix qui se dresse sur le haut plateau au milieu de champs de céréales et de bosquets d'arbres isolés. Un chemin de la croix avec des calvaires baroques y conduit depuis Camberg. La petite chapelle bâtie sur le plan d'une croix grecque a consolé maintes âmes désespérées au cours des siècles. Elle offre un point de vue empreint d'une beauté paisible sur Camberg, sur le fond de la vallée de la Emsbach et sur Hünfelden où évoluent des delta-planes.

Wiesbaden liegt in einer Mulde zwischen Taunus und Rhein. Das Schicksal der eleganten Stadt sind die Quellen (27 Natrium-Chloridthermen, 38 bis 67 Grad heiß). Die Badetradition ist seit Römerzeiten nachgewiesen. Wiesbaden ist hessische Hauptstadt und Kongreßstadt. Auf den Rang einer Weltkurstadt hat sie aus eigenem Ermessen verzichtet. Die Stadt besitzt aber noch das Kurhaus sowie Anlagen und Kliniken und ist Standort der Klinik für Diagnostik. Das Kurzentrum wurde an den Stadtrand verlagert. Und die Quellen sprudeln fort.

Wiesbaden lies in a hollow between the Taunus mountains and the Rhine. The fate of this elegant town lies in its springs (27 sodium chloride hot springs, at a temperature of 38 to 67 degrees Celsius). The tradition of taking the waters goes all the way back to the Romans. Wiesbaden is the Hessian capital and a convention center. It has deliberately rejected the status of international health resort. However, the city still has the spa house and facilities as well as clinics, and it is the site of the Diagnostic Clinic. The spa was removed to the outskirts of the town.

Wiesbaden s'étend dans une dépression de terrain entre le Taunus et le Rhin. Les sources ont scellé le destin de la ville élégante. Elles sont au nombre de 27 avec des eaux chlorurées sodiques à la température allant de 38 à 67 degrés et étaient déjà utilisées par les Romains. Wiesbaden est la capitale de Hesse et une ville de congrès. Elle a renoncé à se hausser au niveau d'une ville d'eaux de réputation mondiale. Mais elle possède encore le Kurhaus de style Belle Epoque ainsi que des établissements thermaux et des cliniques modernes dont la célèbre clinique pour diagnostics.

Das Wiesbadener Staatstheater mit stattlichem Säulenportikus ist, wie das Kurhaus und einige Hotels, ein Repräsentationsbau der Kaiserzeit. Architekten waren zwei in ganz Europa bekannte Spezialisten für Theaterbauten: Ferdinand Fellmer und Hermann Helmer. Bereits im Jahr nach der Einweihung wurden im Glanz kaiserlicher Gnaden die Wiesbadener Maifestspiele eröffnet. Die Maifestspiele mit gastierenden Bühnenensembles aus aller Welt finden heute noch internationale Beachtung. Sie sind Höhepunkt des Wiesbadener Kulturlebens.

The Wiesbaden State theater is a representative building dating back to imperial times, along with the spa and some of the hotels. Two of its architects were known throughout Europe as specialists in theater building: Ferdinand Fellmer and Hermann Helmer. As early as the first year after the dedication of the theater, the Wiesbaden May festivals were opened in all the glory of imperial grace. The May Festival, with guest appearances by theater ensembles from all over the world, still takes place and draws world attention. It forms the high point of Wiesbaden culture.

Le théâtre à l'imposant portail à colonnades est avec le Kurhaus et quelques hôtels, un édifice représentatif de l'époque impériale du début du siècle. Ferdinand Fellmer et Hermann Helmer qui le construisirent étaient réputés dans toute l'Europe comme architectes spécialisés dans la construction de théâtres. Une année après son inauguration, l'empereur ouvrait le premier festival de Mai de Wiesbaden. Cette manifestation qui rassemble des ensembles théâtraux du monde entier a encore aujourd'hui une réputation internationale.

Das Hoftheater war für die Auftritte und Empfänge illustrer Festspielbesucher bald nicht mehr großartig genug. Zehn Jahre nach der Eröffnung des Hauses wurde das prächtige Foyer dazugebaut. Die gern fotografierte Schauseite am Warmen Damm mit Treppenaufgang, Säulen und Schillerdenkmal dient dem Kulissentransport. Foyer und Zuschauerraum betritt man durch den gegenüberliegenden Haupteingang in der Theaterkolonnade. Das Foyer mit seinen vergoldeten Stukkaturen blieb im Zweiten Weltkrieg unversehrt.

The Royal Theater was soon no longer elegant enough for the performances or the reception of illustrious theater-goers. Ten years after the theater opened, the magnificent foyer was added on. The much-photographed sights are located on the Warmer Damm (hot levee) which, with its steps, columns and the Schiller Memorial, is used to transport theater sets. The foyer and auditorium are entered through the opposite main entrance in the theater colonnade. The foyer and its gilded stucco work remained intact during the Second World War.

Le théâtre fut très vite trouvé trop modeste pour accueillir les visiteurs illustres. On lui adjoignit un foyer imposant dix ans après son ouverture. Le côté de l'édifice souvent photographié qui donne sur les jardins dits Warm-Damm-Anlage, est l'entrée des coulisses. Il offre une image splendide avec un escalier extérieur, des colonnades et le monument de Schiller. On pénètre dans le foyer par la porte principale située juste en face. Le foyer décoré de stucs dorés n'a pas été endommagé durant la seconde guerre mondiale.

Das Kurhaus mit Spielbank, Kongreßsaal und festlichen Räumen ist nach wie vor kultureller und gesellschaftlicher Mittelpunkt Wiesbadens. Der vorbildlich gepflegte Kurpark verbindet das weitgehend funktionslos gewordene städtische Heilbad mit den neuen Kliniken im Aukammtal. Die Marktkirche steht gleich einem Turm zwischen Schloß- und Marktplatz. Der zur Bauzeit (Mitte des 19. Jh.) neuartige Stil der Backsteingotik verrät das Vorbild englischer Kathedralen. Links auf dem Foto das herzogliche Residenzschloß (heute Landtag), rechts das Neue Rathaus.

The spa building with casino, conference hall and festive rooms continues to be the cultural and social center of Wiesbaden. The perfectly tended spa gardens combine the municipal spa, which is now largely out of operation, with the new clinics in Aukammtal. The Market Church stands like a tower between Schloßplatz and Marktplatz. Its brick Gothic style, which was new at the time of the church's construction (mid-nineteenth century) was patterned after English cathedrals. In the photo: the duke's castle, which is now the state parliament (left); the New Town Hall (right).

Le Kurhaus où se trouvent le casino, une salle de congrès et d'autres salles somptueuses est le centre de la vie sociale et culturelle de Wiesbaden. Le Kurpark relie l'ancien établissement thermal aux nouvelles cliniques situées à la lisière de la ville dans la vallée d'Aukamm.L'église du Marché qui se dresse entre le château et la place du Marché date du milieu du 19e siècle. Le style néo-gothique de l'édifice en briques évoque les cathédrales anglaises. A gauche sur la photo, le palais ducal (le Parlement aujourd'hui), à droite, le nouvel Hôtel de ville.

Das Residenzschloß am Biebricher Ufer, ein Juwel barocker Baukunst, hat den schmückenden Beinamen „Versailles am Rhein". Die Fürsten der Linien Nassau-Idstein und Nassau-Usingen ließen es in mehreren Bauabschnitten von vier Architekten errichten. Die langgestreckte Fassade mit Rotunde und Freitreppe ist das Entzücken der Rheinreisenden auf den Köln-Düsseldorfer Musikdampfern. Der Schloßpark, in endgültiger Form ein Werk des Landschaftsarchitekten Ludwig von Skell (englischer Gartenstil) ist alljährlich Schauplatz des Pfingst-Reitturniers.

The royal castle on the Biebrich Bank, a jewel of Baroque architecture, has the colorful nickname of "Versailles on the Rhine". The rulers of the Nassau-Idstein and Nassau-Usingen families had it constructed by four architects in several stages. Its elongated facade with rotunda and flight of steps delights visitors traveling down the Rhine on the Cologne-Düsseldorf concert steamers. In their final form, the castle grounds are the work of landscape designer Ludwig von Skell (English gardens) and form the year-round setting for the Pentecost Horse Show.

Le château est un bijou de l'architecture baroque que l'on appelle »le Versailles sur le Rhin«. Les princes des lignées Nassau-Idstein et Nassau-Usingen le firent construire en plusieurs étapes par quatre architectes. La longue façade ornée de rotondes et de perrons ravit les regards des passagers qui voyagent sur le Rhin à bord des navires de croisières de la compagnie de navigation Cologne-Düsseldorf. Chaque année, à la Pentecôte, des concours hippiques se déroulent dans le parc auquel l'architecte-paysagiste Ludwig von Skell a donné sa forme finale (style de jardin anglais).

Eltville, Stadt der Reben und Rosen, hat mit der kurfürstlichen Burg (Bergfried am rechten Bildrand), herrschaftlichen Fassaden und einer Platanenallee gewiß die schönste Schauseite aller Rheingaugemeinden. Die gotische Pfarrkirche St. Peter und Paul (Bildmitte) steht auf einem unsymmetrischen Grundriß – bemerkenswert der hohe, schlanke Turm mit Barockhaube. Die Burg war in der Vergangenheit häufig Zuflucht der Kurfürsten bei Mainzer Bürgerunruhen. Sie ist, wie die Altstadt mit ihren gotischen Überresten und Renaissancehäusern, gut erhalten.

Eltville, city of vineyards and roses, with its electoral castle (castle keep to the far left of the photo), majestic facades and an avenue lined with plane trees, has the most beautiful sights of all Rheingau communities. The Gothic parish church of St. Peter and Paul (center) has an asymmetrical ground plan – the tall tower with a Baroque turrets is worthy of note. In the past, the castle was often a refuge for the electors during times of civil unrest in Mainz. Like the old section of town, with its remains of Gothic architecture and its Renaissance houses, the castle is well preserved.

Eltville, ville des roses et des vignes, est une des plus jolies communes du Rheingau avec son imposant château (donjon sur la droite de l'image), ses façades majestueuses et une très belle allée de platanes. L'église gothique Saint Pierre et Paul (milieu de la photo) se dresse sur une dénivellation de terrain. Elle est flanquée d'une haute tour baroque. Autrefois, le château était le refuge des princes-électeurs de Mayence qui fuyaient les émeutes civiles. Il est bien conservé tout comme la vieille ville où l'on trouve des vestiges gothiques et des demeures Renaissance.

Kein Dorf im Rheingau ist berühmter als Kiedrich, keins schöner, keins bedeutsamer. Kiedrich ist berühmt für seine Rebenlage (Gräfenberg, Wasserrose, Sandgrub), für sein gotisches Ortsbild, für die unvergleichliche Pfarrkirche St. Valentin, wo der Knabenchor beim sonntäglichen Hochamt gregorianische Kirchenchöre im germanischen Chordialekt singt – ein überwältigendes Kuriosum. Die zierliche Kiedricher Muttergottes (Mitte 14. Jh.) mit Krone aus Rebenlaub ist die lieblichste und kostbarste unter den Rheingauer Madonnen.

No village in the Rheingau is more famous than Kiedrich; none is more beautiful, none more important. Kiedrich is famous for its vineyards (Gräfenberg, Wasserrose, Sandgrub), for its Gothic character, for the incomparable parish church of St. Valentin where the boys' choir sings Gregorian chants in German dialect at Sunday Mass – an overwhelming and unusual event. The delicate Kiedrich Madonna (mid-14th century), who wears a crown of grape leaves, is the most charming and precious of all Rheingau madonnas.

Aucun village du Rheingau n'est aussi connu et aussi ravissant que Kiedrich. Il est réputé pour ses vignobles (Gräfenberg, Wasserose, Sandgrub), pour sa physionomie gothique et pour son admirable église Saint-Valentin. Chaque dimanche, durant la grand-messe, la célèbre chorale des enfants de choeur y exécute des chants grégoriens dans la forme germano-gothique. La statue délicate de la Vierge (milieu du 14e s) couronnée de feuilles de vigne est la plus précieuse des Madones du Rheingau.

Die Zisterzienser von Kloster Eberbach im Kisselbachtal waren die Lehrmeister des Rheingauer Weinbaus. Das Kloster (1803 säkularisiert; heute: Hessische Staatsdomäne) ist eine beeindruckende Anlage mittelalterlicher Klosterarchitektur mit Pförtnerhaus, romanischer Klosterbasilika (Grabdenkmale der Mainzer Erzbischöfe Gerlach und Adolf II. von Nassau) sowie Mönchs- und Laienbrüderhaus. Das Laienrefektorium ist heute ein Museum für historische Weinkeltern. Das Dormitorium im Obergeschoß gilt als größter Profanbau des Mittelalters (85 Meter).

The Cistercian monks of Eberbach Monastery in Kisselbachtal were the masters of Rheingau viticulture. The monastery (secularized in 1803 and now owned by the State of Hessen) is an impressive example of Medieval monastery architecture, with its gatehouse, Romanesque basilica (tombs of the Archbishops of Mainz, Gerlach and Adolph II), as well as a house for the monks and lay brothers. The lay brother refectory is now a museum of historical winepresses. The dormitory on the second floor is the largest secular building of the Middle Ages (85 meters).

Autrefois, la culture de la vigne dans le Rheingau était entre les mains des Cisterciens de l'abbaye d'Eberbach. Le cloître, sécularisé en 1803 et propriété aujourd'hui de l'Etat hessois, est un bâtiment d'architecture médiévale avec une maison de gardien, une basilique romane (tombeaux de Gerlach et d'Adolf II von Nassau, archevêques de Mayence) et les habitations des moines et frères convers. Le réfectoire des frères convers abrite un musée de pressoirs anciens. Le dortoir à l'étage supérieur est une des plus grandes constructions profanes du moyen-âge (85 m).

Die Terrasse (mit Weinstube) von Schloß Johannisberg schwebt wie eine Gondel über dem Rheingau. Der Fürstabt von Fulda hat eine zuvor bestehende Benediktinerpropstei zum Schloß umbauen lassen. Ein Nachfolger hat durch ungewollte Verzögerung der Leseerlaubnis zur Entdeckung der Spätlese beigetragen. Nach dem Wiener Kongreß kam das Schloß durch kaiserliche Schenkung an Staatskanzler Clemens von Metternich. Der 50. Breitengrad geht über den Johannisberger Rebenhügel (wie durch den Mainzer Dom). Auf dem Schloßberg reifen Zitronen.

The terrace (with wine tavern) of Johannisberg Castle soars like a gondola above the Rhinegau. The ruling Abbot of Fulda converted what had previously been a Benedictine dean's house into a castle. Due to an unintentional delay in the vintage permit, a later abbot contributed to the discovery of late vintage wine. After the Vienna congress, the castle fell into the hands of State Chancellor Clemens von Metternich as a gift from the Emperor. The 50th Parallel passes through the Johannisberg vineyards (and through the Mainz Cathedral). Lemons grow behind the castle.

La terrasse avec un café du château Johannisberg semble se balancer comme une gondole au-dessus du Rheingau. Le prince-évêque de Fulda fit transformer un couvent bénédictin en château. Un de ses successeurs contribua à la découverte du vin »Spätlese« en donnant trop tard la permission de commencer les vendanges. Après le congrès de Vienne, l'empereur offrit le château au chancelier Clemens von Metternich. Le 50e parallèle traverse la colline de vignobles Johannisberg (ainsi que la cathédrale de Mayence). Des citronniers poussent derrière le château.

Rüdesheim ist ein Brennpunkt der rheinischen Fröhlichkeit und des Rheingauer Fremdenverkehrs. Die Stadt mit einer ebenso großen Vergangenheit wie großen Rebenlagen beherbergt jährlich rund eine Viertelmillion trinkfroher Gäste. Die Tagesbesucher sind in der Überzahl. Allein die Seilbahn befördert jährlich etwa eine dreiviertel Million Freizeitmenschen über berühmte Weinlagen zum Niederwalddenkmal: Die Monumentalstatue der Germania symbolisiert die Einheit des neuen Deutschen Reiches nach dem Deutsch-Französischen Krieg von 1871.

Rüdesheim is a focal point of Rhineland gaiety and Rheingau tourism. The city, whose past is nearly as extensive as the vast vineyards, is visited annually by almost a quarter of a million wine-loving tourists. Most of them come for a day's visit. Each year, the cable railway alone transports around three-quarters of a million holiday-makers over the famous vineyards to the Niederwald Memorial: the statue of Germania symbolizes the unity of the new German Empire after the French-German War of 1871.

La joie de vivre rhénane est présente partout à Rüdesheim, une des communes les plus touristiques du Rheingau. La ville dont le passé est aussi grand que ses crus reçoit chaque année environ un quart de millions d'amateurs de bons vins. La plupart viennent en excursion pour la journée. Le funiculaire transporte annuellement trois quarts de million de touristes au-dessus des vignobles réputés jusqu'au monument du Niederwald: la statue gigantesque de Germania symbolise l'union du nouvel Empire allemand après la guerre de 1871 entre la Prusse et la France.

In der Rüdesheimer Drosselgasse gibt es Sitzplätze für 3500 Zecher, 400 im Drosselhof, 1200 beim Lindenwirt. Die Besucherzahl läßt sich zuverlässig nicht einmal schätzen. Vermutlich besuchen jährlich drei Millionen Menschen die Drosselgasse, die etwa 150 Meter lang ist. Die Sage hat dem Mäuseturm einen falschen Namen gegeben. In Wahrheit war das Bauwerk (15. Jahrhundert) ein Mautturm (Zollturm). Die Burgruine Ehrenfels auf der rechten Rheinseite war in Kriegen des 15. Jahrhunderts Aufbewahrungsort des Mainzer Domschatzes.

On Drosselgasse in Rüdesheim there are enough seats for 3,500 revelers, 400 at the Drosselhof, 1,200 at Lindenwirt. It is believed that approximately three million people visit Drosselgasse each year, which is approximately 150 meters long. After being handed down for generations, the name "Mäuseturm" has become a misnomer. In reality, the structure (15th century) was a "Mautturm" (toll tower). The ruined castle of Ehrenfels on the right bank of the Rhine was where the riches of the Mainz Cathedral were hidden during the wars of the 15th century.

La Drosselgasse de Rüdesheim comprend 3500 places assises, 400 au Drosselhof et 1200 chez le Lindenwirt. On estime que chaque année, trois millions de personnes viennent dans la Drosselgasse longue de 150 mètres. La légende a donné un faux nom au Mäuseturm qui signifie tour des souris. En vérité, l'édifice construit au 15e siècle était un Mautturm ou tour des douanes. Durant les guerres du 15e siècle, le château en ruine d'Ehrenfels, sur la rive droite du Rhin, servait d'abri au trésor de la cathédrale de Mayence.

Von den harmlosen Äskulapnattern kommt der Name: Das Hessische Staatsbad Schlangenbad im entlegenen Taunuswinkel (aber doch nur zehn Kilometer von Wiesbaden entfernt) war auch einmal Parkett der europäischen Hocharistokratie. Die Grafen von Katzenelnbogen und die von Nassau waren einmal sehr reich und sehr mächtig. Sie bekämpften und mißtrauten einander. Ihre Werke haben sie in Namen und Ruinen überlebt. Die Grafen von Katzenelnbogen ließen Ende des 12. Jh. auf schroffer Felsenhöhe im Aartal die Burg Hohenstein bauen.

The name comes from the harmless snakes of Aesculapius: the Hessian State Baths of Schlangenbad (snake baths), situated in a remote corner of the Taunus (and yet only ten kilometers from Wiesbaden) was once the playground of the European aristocracy. The counts of Katzenelnbogen and those of Nassau were once very rich and very powerful. They fought with each other and were mistrustful of one another. In the late 12th century, the counts of Katzenelnbogen built Hohenstein Castle on an abrupt precipice in the Aar Valley.

Le nom vient de la couleuvre innocente d'Esculape: la ville d'eaux hessoise de Schlangenbad qui s'étend dans un coin reculé du Taunus, était jadis le rendez-vous de l'aristocratie européenne. Les comtes de Katzenelnbogen et ceux de Nassau étaient très riches et très puissants. Ils se méfiaient les uns des autres et se combattaient sans cesse. Des deux dynasties, il ne reste plus que les noms et des ruines. A la fin du 12e siècle, les comtes de Katzenelnbogen firent construire le château-fort de Hohenstein sur un rocher escarpé dans la vallée de l'Aar.

Rüsselsheim im Kreis Groß-Gerau am linken Mainufer ist Verwaltungssitz und Produktionsstätte der Opelwerke (Adam Opel AG). Der Firmengründer produzierte zunächst Nähmaschinen und Fahrräder – seit 1898 Kraftfahrzeuge. Das Unternehmen wurde 1928 in eine Aktiengesellschaft umgewandelt, die Aktien bald darauf von General Motors übernommen. Die Rüsselsheimer Opelwerke sind der drittgrößte Autohersteller in Deutschland. Die Firma beschäftigt rund 37 000 Angestellte und Arbeiter. Jahresumsatz (mit Zweigstellen): annähernd fünfzehn Milliarden Mark.

Rüsselsheim in the district of Groß-Gerau on the left bank of the Main is the administrative headquarters and factory of the Opelwerke (Adam Opel AG). The company founder originally produced sewing machines and bicycles, and the firm has manufactured automobiles since 1898. The company became a stock corporation in 1928, and the shares were taken over by General Motors a short time later. The company employs approximately 37,000 white-collar and blue-collar workers. Its annual sales (including branch offices) amount to approximately fifteen billion marks.

Rüsselheim est le siège administratif et lieu de production des usines Opel (Adam Opel AG). Le fondateur de la firme fabriqua d'abord des machines à coudre et des bicyclettes avant de produire des voitures à partir de 1898. La firme devint société anonyme en 1928 et avait General Motors comme actionnaire principal peu de temps après. Les usines Opel de Rüsselheim occupe le troisième rang dans la production automobile en Allemagne. 37 000 personnes y sont employées. Le chiffre d'affaires annuel (y compris les filiales) approche les quarante-cinq milliards de francs.

Im kunstsinnigen, lebensfrohen Darmstadt haben über die Kriegszerstörung hinaus die glanzvollen Epochen der Vergangenheit bleibende Spuren hinterlassen: Das Schloß (Bildmitte), ein Renaissancebau mit angefügten Barockflügeln, war Residenz der Landgrafen von Hessen-Darmstadt später der Großherzöge von Hessen und bei Rhein. Mitte vorn: Stadtkirche (erste Erwähnung 1394) mit Grabdenkmalen hessischer Landgrafen. Hinterer rechter Bildrand: das ehemalige Landestheater, ein Bauwerk des klassizistischen Architekten Georg Moller.

In the art-loving, joie-de-vivre city of Darmstadt, the glorious eras of the city's history have left lasting traces which go beyond the devastation of war. The castle (center), a Renaissance building with attached Baroque wings, was the royal seat of the landgraves of Hesse-Darmstadt as well as the Grand Dukes of Hesse and Rhine. Front center: Municipal church (first mentioned in 1394) with the tombs of Hessian landgraves. Right rear: The former State Theater, constructed by classical architect Georg Moller.

Malgré les dévastations des guerres les époques brillantes du passé ont laissé des traces dans cette ville qui respire la joie de vivre. Le château (au milieu de la photo) est un édifice Renaissance avec des ailes de style baroque. Il était la résidence des landgraves de Hesse-Darmstadt et celle des grand-ducs de Hesse et du Rhin. Au centre: l'église paroissiale mentionnée pour la première fois en 1394 renferme des pierres tombales de landgraves hessois. En arrière-plan sur la droite: l'ancien théâtre municipal construit en style classique par l'architecte Georg Moller.

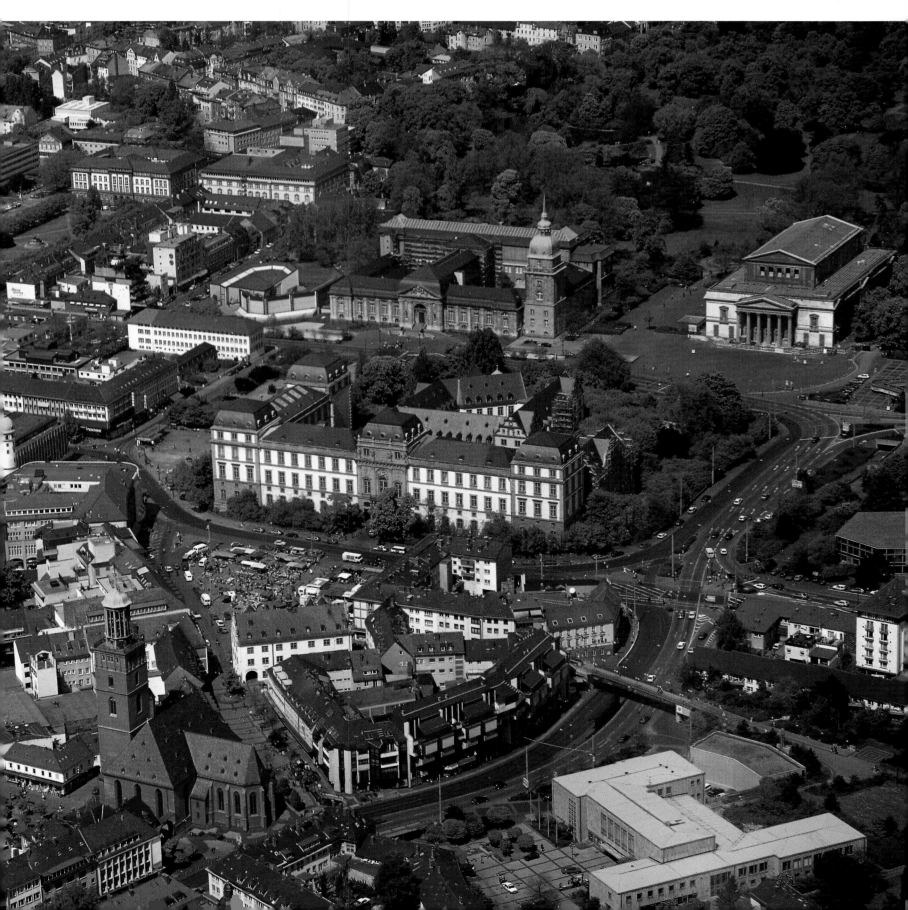

Der Luisenplatz, bereits in die Fußgängerzone einbezogen, ist Darmstadts schönster Platz: sternförmig gestaltet, flankiert von Verwaltungsgebäuden (vorderer Bildrand: Luisen-Center, Neues Rathaus und Kongreßhalle), geschmückt von Denkmälern für die Darmstädter Justus von Liebig und Ernst Niebergall (Datterichbrunnen), überragt von der Ludwigssäule (39 Meter hoch; Volksmund: „Langer Ludwig") zur Erinnerung an den ersten Großherzog von Hessen und bei Rhein, der sich zu Lebzeiten großer Beliebtheit erfreute: Er gab dem Volk eine Verfassung.

Luisenplatz, which is now incorporated into the pedestrian zone, is Darmstadt's most beautiful square. It is shaped like a star, flanked by administrative buildings (front: Luisen-Center, New Town Hall and Conference Center), decorated by monuments to the Darmstadt natives Justus von Liebig and Ernst Niebergall (Datterichbrunnen), with the towering Ludwigssäule (39 meters high with the nickname „Tall Ludwig") in memory of the first Grand Duke of Hessen and Rhine, who enjoyed a great deal of popularity in his own lifetime: he gave the people a constitution.

La plus jolie place de Darmstadt est la Luisenplatz qui fait aujourd'hui partie de la zone piétonnière. Elle est en forme d'étoile, entourée d'un côté de bâtiments administratifs (au premier plan: le Centre Louise, le nouvel Hôtel de Ville et le hall des congrès), décorée des monuments élevés à la mémoire du chimiste Justus von Liebig, enfant de la ville, et d'Ernst Niebergall (créateur de la fontaine Dattterich), dominée par la colonne Ludwig (39 m de hauteur) élevée en souvenir du premier grand-duc de Hesse et du Rhin, très populaire durant son règne car il donna une Constitution à son peuple.

Die Russische Kapelle auf der Mathildenhöhe wird heute noch zu serbisch-orthodoxen Gottesdiensten genutzt. Der letzte Zar Nikolaus II. ließ sie am Ende des Jahrhunderts von seinem Petersburger Hofarchitekten für persönliche religiöse Andachten bauen. Der Zar war der Schwager des letzten hessischen Großherzogs Ernst-Ludwig, der in Darmstadt eine Künstlerkolonie gründete. Die wegweisende Tat hat ihn in Bauten der Jugendstilavantgarde überlebt. Die Mathildenhöhe ist Darmstadts Musenhügel, ein einzigartiges Freilichtmuseum des Jugendstils.

The Russian Chapel on the Mathildenhöhe is still used today for Serbian orthodox religious services. At the end of the century, the last Czar, Nicholas II, commissioned his royal architects in Petersburg to build it for his personal religious prayers. The Czar was the brother-in-law of the last Hessian Grand Duke, Ernst Ludwig, who founded an artists' colony in Darmstadt. This pioneering deed has survived him in avant-guard Art Nouveau architecture. Mathildenhöhe is Darmstadt's hill of muses, a unique open-air museum dedicated to Art Nouveau.

Des services religieux serbo-orthodoxes se déroulent toujours à l'intérieur de la chapelle russe située dans le quartier de Mathildenhöhe. A la fin du siècle dernier, le tsar Nicolas II la fit construire par l'architecte de la cour de Saint-Pétersbourg pour son usage personnel. Le tsar était le beau-frère du dernier grand-duc hessois Ernst-Ludwig qui fonda une colonie d'artistes dans la ville. Son esprit avant-gardiste lui a survécu dans les édifices de style Art Nouveau qui font du quartier de Mathildenhöhe un véritable musée en plein air de l'époque du tournant du siècle.

Die Schloßruine Auerbach auf einem Ausläu-
fer des Odenwalds unterhalb der Melibokus-
höhe ist eine der erhabensten Aussichtster-
rassen über Bergstraße und Rheinebene. Die
Festung wurde im Dreißigjährigen Krieg zerstört. Erhalten sind zwei Rundtürme und die
Umfassungsmauern. Fachwerkhäuser umgeben den Marktplatz von Heppenheim mit dem
Sandsteinbrunnen nebst Statue der Immacu-
lata: beherrschend das Rathaus mit Schiefer-
turm und Glockenspiel sowie das Haus Goldener Engel und die Apotheke, in der Justus von
Liebig als Lehrling angestellt war

The ruins of Auerbach Castle, situated on a
ridge in the Odenwald, beneath Milibokus-
höhe, is one of the most sublime vantage
points on the Bergstraße and the Rhine Plain.
The fortress was destroyed during the Thirty
Years War. Two round towers and the surrounding wall are all that remain. Framework
houses surround the marketplace of Heppenheim. The square is dominated by the town
hall, with its slate tower and carillon, as well as
by the Goldener Engel house and the phar-
macy where Justus von Liebig worked as an
apprentice.

Un beau panorama sur la Bergstrasse et la
plaine du Rhin s'offre depuis le château en
ruine d'Auerbach situé sur un contrefort de
l'Odenwald sous la colline de Melibokus. Le fort
fut détruit durant la guerre de Trente ans. Il
n'en reste que deux tours rondes et l'enceinte.
Des demeures à colombages entourent la
place du Marché de Heppenheim où se dresse
une fontaine en grès. L'Hôtel de ville avec sa
tour en ardoise et son carillon, la maison appelée »goldener Engel« et la pharmacie où le chimiste Justus von Liebig fut apprenti, dominent la place pittoresque.

Die Stadt Heppenheim ist die südlichste hessische Gemeinde an der Bergstraße. Die Landesgrenze weicht bei Viernheim knapp zehn Kilometer nördlich zurück. Hemsbach liegt bereits in Baden-Württemberg. Über die Dächer der kleinen Stadt erheben sich wie Türme eines Doms die Turmhelme und die Vierungskuppel der Pfarrkirche St. Peter, ein historisierendes Bauwerk aus der Zeit um die Jahrhundertwende. Heppenheim ist Luftkurort. An den Hängen oberhalb der Stadt gedeihen fruchtige, frische Weine der Bereichslage Starkenburg.

The town of Heppenheim is the southernmost Hessian community on the Bergstraße. The state border veers off at Viernheim, not quite ten kilometers to the north. Hemsbach is already in Baden-Württemberg. Like the towers of a cathedral, the spires and crossing cupolas of the parish church of St. Peter, a historical building dating back to the turn of the century, rise high above the town's rooftops. Heppenheim is a fresh-air health resort. The fruity wine grapes of the regional vineyard of Starkenberg thrive on the slopes above the town.

La ville de Heppenheim, située sur la route dite Bergstrasse, est la commune hessoise la plus au sud de la région. La frontière du land recule de dix kilomètres au nord près de Viernheim. Hemsbach fait déjà partie du Bade-Wurtemberg. Les tours et la coupole de la croisée du transept de l'église paroissiale Saint-Pierre se dressent au-dessus des toits de la petite ville. L'édifice religieux date du tournant du siècle. Heppenheim est une station climatique. Les vignobles produisant le vin fruité de Starkenburg poussent sur les versants au-dessus de la ville.

Die Starkenburg auf dem Schloßberg über Heppenheim war Namenspatin einer der drei Provinzen im hessischen Großherzogtum (die beiden anderen: Oberhessen und Rheinhessen). Die Burg, Verwaltungssitz der Reichsabtei Lorsch, wurde im Siebenjährigen Krieg zerstört und auf Abbruch versteigert. Von der ursprünglichen Anlage sind die drei Rundtürme, Zwinger und Ringmauern erhalten. Auf dem Gelände der Burgruine sind ein Turm und weitere Gebäude neu entstanden. Sie dienen als Jugendherberge und Ausflugscafé.

Starkenburg Castle, on the mountain above Heppenheim is the namesake of one of the three provinces of the Hessian Grand Duchy (the other two: Upper Hesse and Rhineland Hesse). The castle, administrative seat of Lorsch Abbey, was destroyed during the Seven Years War. Of the original complex, only the three round towers, the outer ward and the surrounding wall remain. A new tower and additional buildings, which are now used for a youth hostel and cafe, have been constructed on the grounds of the castle ruins.

Le château-fort de Starkenburg qui domine Heppenheim donna son nom à une des trois provinces du grand-duché de Hesse. Les deux autres étaient Hesse supérieure et Hesse rhénane. Le fort, siège administratif de l'abbaye impériale de Lorsh, fut détruit durant la guerre de Sept ans et vendu à charge d'être démoli. De l'édifice d'origine, il reste trois tours rondes, l'enceinte intérieure et les remparts. Une tour et quelques bâtiments construits récemment abritent une auberge de jeunesse et un café.

Lindenfels im Naturpark Bergstraße-Odenwald ist ein Ferienort mit sieben Ferienorten, übrigens der einzige staatlich anerkannte Heilklimatische Kurort im Odenwald – zwischen 340 und 500 Metern hoch, rings von Wäldern umgeben mit Wiesen und Wanderpfaden: was für Entdecker. Michelstadt, ebenfalls mit sieben Feriendörfern ringsum (sprich: Stadtteilen) ist im Altstadtkern ein Paradies Odenwälder Fachwerkseligkeit: Der gotische Westgiebel des Rathauses ist (ausgenommen Einbau der Uhr) seit einem halben Jahrhundert nicht verändert worden.

Lindenfels, in the Bergstraße Odenwald National Park, is a vacation spot with seven resorts and the only officially recognized health spa in the Odenwald; from 340 to 500 meters high, surrounded by forests and meadows and crossed by hiking trails, it is a discoverer's paradise. The old downtown of Michelstadt, also surrounded by seven village resorts (town districts), is a marvel of Odenwald framework architecture. The Gothic western gable of the town hall has not changed in 500 years (except for the installation of the clock).

La ville de Lindenfels, située dans le parc naturel de Bergstrasse-Odenwald, est un endroit de villégiature et la seule station climatique de l'Odenwald reconnue par l'Etat. La »perle de l'Odenwald« (altitude entre 340 et 500 m) est entourée de forêts et de prés. Michelstadt est aussi une ville de villégiature regroupant sept anciens villages. Avec ses maisons à colombages, le coeur de la ville présente la physionomie typique des localités de la région. Le pignon ouest de style gothique de l'Hôtel de Ville n'a pas changé depuis plus de cinq cents ans (hormis l'horloge ajoutée ultérieurement).

Erbach nennt sich stolz „Deutsche Elfenbeinstadt". Hinter dem schmucken Marktplatz mit Stadtkirche (im Bild links), dem Alten Rathaus und dem Schloß gibt es einen Handwerkerhof. Besucher erwartet eine seltene Wissensbereicherung: Man kann den Schnitzmeistern bei der Arbeit zusehen. Hauptanziehungspunkt des Residenzstädtchens ist das Deutsche Elfenbeinmuseum (mit Bernsteinabteilung). Das historische Städtel ist aber selbst schon eine Sehenswürdigkeit: mit Pranger und viel Fachwerk.

Erbach proudly calls itself the „German City of Ivory". Behind the tidy marketplace, with the municipal church (left), the Old Town Hall and the castle, there is an artisans court. Tourists who go there will find a wealth of new experience: one can watch the master carvers at work. The main attraction of this royal seat is the German Ivory Museum (with a section devoted to amber). The historical town is an attraction all by itself: it has pillories and a large number of framework houses.

Erbach se nomme avec fierté la :»ville allemande de l'ivoire«. Une cour regroupant des ateliers d'artisans s'étend derrière la pittoresque place du Marché avec l'église paroissiale (à gauche sur la photo), l'ancien Hôtel de Ville et le château. Les visiteurs peuvent observer les sculpteurs d'ivoire au travail. Le Musée allemand de l'Ivoire qui possède également une très belle collection d'ambre, est la curiosité principale de la ville. Mais les quartiers historiques à eux seuls valent une visite.

Hirschhorn liegt sehr malerisch an einer Nekkarschleife (25 Kilometer flußaufwärts von Heidelberg). Die vielbewunderte alte Stadt (Theodor Heuß: „Glück im Neckarwinkel") gleicht einer Kulisse ihrer eigenen Vergangenheit. Der Turm der Marktkirche war im Mittelalter Stadttor. Die gotische Karmeliterklosterkirche (rechts) war Grablege der Ritter von Hirschhorn. Die Ritterburg auf einem Bergsporn am Stöckelberg ist heute umgebaut zum Schloßhotel mit herrlicher Aussichtsterrasse.

Hirschhorn is a picturesque town on a loop of the Neckar river (25 kilometers upstream from Heidelberg). The much-admired old town (Theodor Heuß: „Happiness in a corner of the Neckar") resembles a backdrop of its own history. In the Middle Ages, the market church tower was the city gate. The Gothic church of the Carmelite convent (right), is the last resting place of the knights of Hirschhorn. The knights' castle, situated on a spur of Stöckelberg mountain, has now been converted to the Schloßhotel, with magnificent lookout points.

Hirschhorn est joliment située sur une boucle du Neckar à 25 kilomètres en amont d'Heidelberg. La ville ancienne tant admirée a conservé le décor de son passé. La tour de l'église du Marché était la porte de la cité au moyenâge. L'église gothique du couvent des Carmélites fondé en 1406 (à droite), servait de sépulture aux seigneurs de Hirschhorn. Le châteaufort qui se dresse sur un éperon rocheux au Stöckelberg est aujourd'hui un hôtel avec une terrasse d'où l'on a de magnifiques vues panoramiques.

Mainfähren sind noch immer in Betrieb. Zwischen Frankfurt und Aschaffenburg wird der Main von drei Autobahnbrücken, drei Eisenbahnbrücken und zwei Straßenbrücken überquert. Bei Dornigheim sowie zwischen Groß- und Klein-Krotzenburg und bei Seligenstadt kommt man nur mit der Fähre über den Main (jeweils Autofähren). Das Übersetzen zum anderen Ufer hat noch etwas von der Romantik vergangener Jahrhunderte, als die Reisenden auf die Dienste des Fährmanns angewiesen waren, wenn sie nicht beschwerliche Umwege in Kauf nehmen wollte.

Ferries still sail on the Main river. Between Frankfurt and Aschaffenburg, the Main is crossed by three highway bridges, three railway bridges and two road bridges. Near Dornigheim as well as between Groß- and Klein-Krotzenburg and near Seligenstadt, the river can be crossed only by ferry (all of them carry cars). Crossing from one bank to the other in this manner is reminiscent of the romanticism of earlier centuries, when travellers had to rely on the services of the ferryman if they wanted to avoid arduous detours.

Entre Francfort et Aschaffenburg, trois ponts d'autoroutes, trois ponts de chemin de fer et deux ponts de routes franchissent le Main. A Dornighein, entre Gross Krotenzburg et Klein Krotzenburg et à Seligenstadt, on peut seulement le traverser à bord de bacs (qui transportent aussi les voitures). La traversée à bac a gardé un côté romantique des siècles passés quand les voyageurs étaient dépendants du passeur s'ils voulaient s'épargner de grands détours pour arriver à leur but.

Die Abteikirche in Seligenstadt ist nach Einhard benannt, dem Biographen, Berater und Hofgelehrten Karls des Großen. Das gewaltige Bauwerk ist die einzige erhaltene karolingische Basilika diesseits der Alpen. Einhard hat in Seligenstadt eine Benediktinerabtei gegründet, der er selbst als Laienabt vorstand. Die Kirche ließ er als Wallfahrtskirche über den Gräbern der Märtyrer Marcellinus und Petrus errichten. Sie sind die Seligen, denen die Stadt ihren Namen verdankt. Die Basilika ist Einhards letzte Ruhestätte.

The abbey church in Seligenstadt is named after Einhard, the biographer, adviser and court scholar of Charlemagne. The immense structure is the only preserved Carolingian basilica this side of the Alps. Einhard founded a Benedictine abbey in Seligenstadt, which he himself headed as a lay abbot. He built the church as a pilgrimage church above the tombs of the martyrs Marcellinus and Petrus. They are the beatified (Seligen) to whom the town owes its name. The basilica is Reinhard's last resting place.

L'église d'abbaye de Selingstadt est nommé d'après Einhard, biographe, conseiller de Charlemagne et savant à sa cour. L'édifice imposant est la seule basilique carolingienne qui existe encore au nord des Alpes. Einhard fonda une abbaye bénédictine à Selingenstadt dont il était l'abbé commendataire. Il fit ériger l'église comme lieu de pélerinage sur les tombeaux de Marcellinus et de Petrus. La ville tire son nom des deux Bienheureux. »Selig« signifie béatifié en allemand. La basilique renferme le tombeau d'Einhard.

Offenbach gleicht in vielem einem kleineren Bruder Frankfurts auf der linken Mainseite. Offenbach ist ebenfalls Industrie- und Messestadt, bedeutend als Zentrum der Lederwarenindustrie und Gastgeber einer internationalen Lederwarenmesse. Das Öldepot im Offenbacher Mainhafen hat eine Tankkapazität von ungefähr 135 Millionen Litern (obere Bildhälfte; unten links: das Offenbacher Rathaus). Wenige Kilometer von der Stadtmitte: Bei Rumpenheim gleicht der Main in der Abenddämmerung einem Romantikergemälde.

In many respects, Offenbach is like a younger brother of Frankfurt on the left bank of the Main. Offenbach is also an industrial center and has a trade fair; it is an important center of the leather goods industry and hosts an international leather trade fair. The oil depot in the Offenbach harbor has a tank capacity of approximately 135 million liters (top half of photo; bottom left: Offenbach Town Hall). A few kilometers from the center of town: near Rumpenheim, the Main river at dusk resembles a Romantic painting.

Offenbach pourrait être une petite soeur de Francfort sur la rive gauche du Main. Elle a de nombreux points communs avec la métropole: elle est ville d'industries et de foires, un centre important de l'industrie du cuir qui accueille chaque année le salon international du cuir. Le tank de pétrole dans le port d'Offenbach a une capacité de 135 millions de litres (en haut de la photo), au-dessous: l'Hôtel de Ville d'Offenbach. A quelques kilomètres du centre-ville près de Rumpenheim: le Main ressemble à une peinture romantique dans le crépuscule.

Auf etwa 70 Kilometern durchquert der Main das südliche Hessen – von Stockstadt zum Mainspitz-Dreieck. Erst auf dem letzten Siebtel seiner Reise von Buntsandsteinhöhen und Rebengärten wird er zum Schicksalsstrom des Industr">reviers, zum Symbol für Segen und Fluch der westdeutschen Wirtschafts- triumphe. Aber selbst dort, in unmittelbarer Nachbarschaft von Kraftwerken und Ver- kehrskreuzen, gibt er sich bisweilen idyllisch, verträumt und ganz und gar arglos – wie in der Mitte zwischen dem Stadtrand von Frankfurt und Offenbach: bei Rumpenheim.

The Main traverses about 70 kilometers of southern Hesse, from Stockstadt to the Main- spitz Triangle. It is not until the last seventh of its journey through Bunter sandstone hills and vineyards that the Main becomes the main artery of the industrial center, and turns into a symbol for the blessings and curses of the triumphs of the West German economy. But even in the close vicinity of power plants and traffic crossings, the Main is still sometimes idyllic, dreamy and wholly untroubled. This can be seen, for example, directly between Frank- furt and Offenbach, near Rumpenheim.

Le Main traverse le sud de la Hesse sur 70 kilo- mètres – de Stockstadt au triangle du Main. Après avoir coulé à travers des plateaux de grès coloré et des vignobles, il entre dans la zone industrielle et devient le symbole des bienfaits et des méfaits de l'essor économique œuest-allemand. Mais même dans le voisinage des centrales nucléaires et des grands croise- ments routiers, il offre encore des images idyl- liques et reste un long cours d'eau paisible – comme à Rumpenheim située à mi-chemin entre la péripherie de Francfort et Offenbach.

Schloß Philippsruhe liegt am Mainufer etwas außerhalb der Stadt Hanau: am Anfang einer Allee nach Kesselstadt. Die barocke Architektur verrät das Vorbild des französischen Schlosses Clagny. Philippsruhe ist heute Unterkunft für ein historisches Museum und die Grimm-Sammlung. Das Denkmal der Brüder Grimm vor dem Neustädter Rathaus in Hanau stammt vom Ende des 19. Jahrhunderts. Jacob und Wilhelm Grimm wurden als Söhne eines fürstlichen Stadtschreibers in Hanau geboren. Beide verbrachten ihre Kindheit in Steinau im Tal der Kinzig.

Philippsruhe Castle lies on the banks of the Main a short distance from Hanau, at the beginning of the road to Kesselstadt. The Baroque architecture was patterned after French castle of Clagny. Today, Philippsruhe houses a historical museum and the Grimm Collection. The monument to the Brothers Grimm in front of the Neustädter Town Hall in Hanau dates back to the late 19th century. Jacob and Wilhelm Grimm were born in Hanau as the sons of a town clerk. Both spent their childhood in Steinau in the Kinzig river valley.

Le château de Philippsruhe s'élève au bord du Main à l'extérieur de Hanau et à l'entrée d'une route qui conduit à Kesselstadt. Le château de Clagny en France fut le modèle de l'édifice à l'architecture baroque. Philippsruhe abrite aujourd'hui un musée historique et la collection Grimm. Le monument à la mémoire des frères Grimm (fin du 19e siècle) se dresse devant l'Hôtel de Ville dans le quartier de la Nouvelle-Ville. Jacob et Wilhelm Grimm, fils d'un scribe de la résidence princière, naquirent à Hanau. Tous les deux passèrent leur enfance à Steinau dans la vallée de la Kinzig.

Die Ronneburg auf einem Basaltkegel im Main-Kinzig-Kreis war eine der größten und stärksten Festungen zwischen Nidda und Kinzig. Die Anlage ist zum Teil erhalten. Drei Gemeinden haben ihren Namen von der Ronneburg: Altwiedermus, Hüttengesäß und Neuwiedermus. In Gelnhausen kann man eine glanzvolle Vergangenheit mit Händen greifen. Die schöne Fachwerkstadt steckt voller Erinnerungen an die Größe der Freien Reichsstadt, die im Mittelalter Frankfurt übertraf. Einzigartig sind die Ruinen der Kaiserpfalz Barbarossas auf der Kinzigaue.

Ronneburg castle, situated on a basalt peak in the Main-Kinzig District, was one of the largest and strongest fortresses between the Nidda and Kinzig rivers. The complex has been partially preserved. Three communities take their names from Ronneburg: Altwiedermus, Hüttengesäß and Neuwiedermuß. In Gelnhausen, a glorious past is close enough to touch. The beautiful framework town is filled with memories of its glory days as a Free City which surpassed Frankfurt in the Middle Ages. The ruins of Barbarossa's imperial palace on the Kinzigaue are unique.

Le château de Ronneburg, érigé sur un rocher arrondi de basalte dans la région du Main-Kinzig, était une des plus puissantes forteresses entre la Nidda et la Kinzig. Trois communes ont tiré leur nom de l'histoire du château: Altwiedermus, Hüttengesäss et Neuwiedermus. Le passé brillant de la ville se découvre à tous les coins de rues. Les belles maisons à colombages rappellent le souvenir de la ville libre d'Empire qui était plus importante que Francfort au moyen-âge. Une des curiosités intéressantes sont les ruines du palais de l'empereur Barberousse sur la Kinzigaue.

Die winklige alte Fachwerkstadt vermutet man nicht in einem modernen Kurort: Kleinstadt und Heilbad – Bad Orb ist beides in einem und doch wie auf dem Reißbrett voneinander getrennt: hier die Altstadtschenken, dort die Kurkliniken, hier 8300 Einwohner, dort 8500 Kurgastbetten. Bad Soden-Salmünster liegt reizvoll im Hessischen Naturpark Spessart. Das Mineralheilbad mit sehenswerter katholischer Kirche empfiehlt sich bei Erkrankungen der Atemwege. Die Parkanlagen gehen fast unmerklich in Wälder über.

The old framework town is not what one would expect to find in a modern health resort: small town and medicinal baths – Bad Orb is both at once, and yet like two completely different places: one contains the pubs of the old part of town, the other has the spa clinics; one has 8,300 inhabitants, the other has 8,500 patient beds. Bad Soden-Salmünster is a charming spot in the Hessian Spessart National Park. The mineral baths with an interesting Catholic church is recommended for respiratory ailments. The park grounds blend almost unnoticeably with the forest.

On ne se douterait pas qu'un centre de cure moderne renferme une ville ancienne pittoresque aux demeures à colombages. Bad Orb est à la fois petite ville et station thermale. Ses deux parties sont bien distinctes: ici, les auberges de la vieille ville et là, les cliniques de cure. D'un côté, 8300 habitants, et de l'autre, 8500 curistes. Bad Soden-Salmünster s'étend dans un coin charmant du parc naturel hessois du Spessart. Les maladies des voies respiratoires sont soignées dans la ville d'eaux à l'église paroissiale intéressante. Le parc de la station thermale et la forêt se rejoignent sans lisière visible.

Steinau ist das Kinderparadies der Brüder Grimm. Sie sind in der kleinen Stadt allgegenwärtig: im Amtshaus mit Wohnung der Familie Grimm (Museum), beim Märchenbrunnen und im Marionettentheater mit einem Repertoire von Märchen der Brüder Grimm, die sich nie voneinander trennten. In Schlüchtern hört man den Beinamen gern: „Stadt im Bergwinkel" – nämlich zwischen Vogelsberg und Spessart. Die Gemeinde wirkt dörflich, ist aber Kreisstadt. Das Benediktiner-Kloster (heute: Ulrich-von-Hutten-Gymnasium) ist der historische Kern der Gemeinde.

Steinau is the childhood paradise of the Brothers Grimm. They are present everywhere in this town: in the district office building, which contains the Grimm family residence (museum), in the Märchenbrunnen (fairy-tale fountain), in the Puppel Theater, whose repertoire covers the fairy tales of the inseparable two brothers. In Schlüchtern, one often hears the nickname: "City in the corner of the mountains" – that is, between Vogelsberg and Spessart. The Benedictine monastery (now the Ulrich von Hutten preparatory school) is the historical heart of the community.

Steinau est la ville d'enfance des frères Grimm qui ne se séparèrent jamais. Ils y sont présents partout: dans la maison où ils vécurent, aujourd'hui transformée en musée, à la fontaine des Contes et au théâtre de marionnettes. Schlüchtern, située entre le Vogelsberg et le Spessart, est aussi appelée »la ville dans un angle montagneux«. Ce surnom est apprécié des habitants de la commune qui a gardé une atmosphère villageoise bien qu'elle soit chef-lieu de »Kreis«. L'ancien monastère bénédictin, aujourd'hui un lycée, forme le noyau historique de la petite ville.

Birstein mit einem vollständig erhaltenen Fürstlich-Isenburg-Birsteinischen Schloß (14. bis 18. Jh.) ist ein entlegenes 1700-Seelen-Dorf im Main-Kinzig-Kreis: eine Sommerfrische zwischen Vogelsberg und Spessart. Zu entdecken sind bei der Gelegenheit acht Gemeinden. Büdingen ist ein Stück überkommenes Mittelalter im Wetteraukreis, zudem Luftkurort und Garnisonsstadt mit einem bewohnten Schloß des Fürsten zu Ysenburg (im Bild rechts): reizvolles Stadtbild mit spätgotischer Marienkirche (Bild links), Wehrmauern, Türmen und Stadttoren.

Birstein, which contains the completely pre-served Royal Isenburg-Birstein Castle (14th to 18th centuries), is a remote village of 1,700 souls in the Main-Kinzig District; a summer resort between Vogelsberg and Spessart. If one has the time, there are eight communities waiting to be discovered. Büdingen is a well-preserved piece of the Middle Ages in the district of Wetterau. It is also a fresh-air spa and a garrison city, with an occupied castle belonging to the Prince of Ysenburg (right); charming view of the city with the late Gothic Marienkirche (left), fortified walls, towers and city gates.

Birstein qui possède un château très bien conservé des princes d'Isenburg-Birstein (14e au 18e s) est un village isolé de 1700 âmes dans la région de Main-Kinzig et une des huit communes nichées entre les contreforts du Vogelsberg et du Spessart. Büdingen est une petite ville médiévale dans la région du Wetterau. Elle est aussi station climatique et ville de garnison avec un château habité des princes d'Isenburg (photo à droite). L'église de Marie en gothique tardif (photo à gauche), les anciens remparts, les tours et les portes donnent à la ville une physionomie charmante.

Das Mühltor in Büdingen, Bestandteil der äußeren Stadtverteidigungsanlage, fügt sich mit der Wehrmauer und dem grandiosen doppeltürmigen Bollwerk des Jerusalemer Tors in die eindrucksvollste und besterhaltene Verteidigungsanlage in Hessen. Über den Seemenbach, der durch die ganze Stadt fließt, führt der Lohsteg. Altstadt und Neustadt wurden erst im 16. Jahrhundert von einer gemeinsamen Mauer umgeben. Vom Lohsteg aus hat der Betrachter den schönsten Blick auf die Altstadt mit Kirche und Rathaus.

The Mühltor, part of the outer city fortifications, joins the defense wall and the grandiose, twin-tower bulwark of the Jerusalem Gate to form the most impressive and best preserved fortifications in Hesse. The Lohsteg bridge crosses the Seemenbach stream which flows through the entire town. The old and new parts of the town were not surrounded by a common wall until the 16th century. From the Lohsteg, one has the most beautiful view of the old part of town with the church and the town hall.

Les remparts, le bastion imposant à deux tours de la porte Jérusalem et la porte dite Mühltor composent une des enceintes fortifiées les mieux conservées de Hesse. Une passerelle appelée »Lohsteg« franchit le Seemenbach qui coule à travers la ville. L'Ancienne-Ville et la Nouvelle-Ville ne furent entourées d'un mur commun qu'au 16e siècle. On découvre la plus jolie vue sur l'Ancienne-Ville avec l'église et l'Hôtel de Ville depuis la passerelle.

Friedberg ist Verwaltungszentrum und wirtschaftlicher Mittelpunkt der Wetterau – einst genannt die Kornkammer des Heiligen Römischen Reiches Deutscher Nation und von den jeweiligen Besitzern, von den Römern bis zu den staufischen Kaisern, mit Verteidigungsanlagen gesichert. Zu dem Wehrsystem gehörte auch die Reichsburg Friedberg, eine Gründung des Staufenkaisers Barbarossa (an Stelle eines Römerkastells). Die Burg war einmal die größte in Deutschland. Die Verteidigungsanlage sowie der Bergfried Adolfsturm sind erhalten.

Friedberg is the administrative and economic center of the Wetterau region – once known as the granary of the Holy Roman Empire of the German Nation. The people who occupied it, from the Romans to the Stauffen emperors, secured it with fortifications. The system of defenses also included the royal castle of Friedberg, founded by the Staufen emperor Barbarossa (on the site of a Roman fort). The castle was once the largest in Germany. The fortifications, as well as Adolfsturm Keep, have been preserved.

Frieberg est le centre administratif et économique de la région du Wetterau. La ville était autrefois appelée le grenier à blés du Saint Empire romain germanique et fut entourée d'enceintes fortifiées par ses propriétaires successifs, depuis les Romains aux empereurs Staufer. Le château-fort de Friedberg, construit sur l'emplacement d'un castel romain par l'empereur Staufer Barberousse, faisait partie des fortifications. Le château était autrefois un des plus grands d'Allemagne. Les remparts ainsi que le donjon appelé Adolfsturm existent encore.

Der Bad Nauheimer Sprudelhof mit Brunnenfontäne ist eine sehenswerte Anlage souveräner Jugendstilarchitektur. Das Hessische Staatsbad im Wetteraukreis am nordöstlichen Taunusrand ist seit der Mitte des 19. Jahrhunderts zum Weltkurbad aufgestiegen. Übrigens: Bad Nauheim besitzt einen der schönsten Kurparks in Deutschland. Angeblich wurden die Kosten von Erlösen der Spielbank bestritten. Gartenarchitekt Siesmayer bezeichnete den Park als sein „Lieblingswerk". Bad Nauheim ist Sitz der Hessischen Staatsbäderverwaltung.

Sprudelhof in Bad Nauheim with its fountains is an interesting complex of masterful Art Nouveau architecture. The Hessian state baths in Wetterau District on the northern edge of the Taunus have been an international health resort since the mid-19th century. Bad Nauheim has one of the most beautiful spa gardens in Germany. Supposedly, they were financed by proceeds from the casino. Landscape artist Siesmayer described the gardens as his "favorite work". Bad Nauheim is the headquarters of the Hessian State Spa Administration.

Le centre thermal de Bad Nauheim, appelé Sprudelhof, est un splendide ensemble architectural de style Art Nouveau. La station hydrominérale, située dans la région fertile du Wetterau sur le versant nord-est du Taunus, a acquis une réputation internationale depuis le milieu du 19e siècle. Bad Nauheim possède un des plus beaux parcs de ville d'eaux d'Allemagne. Son aménagement aurait été payé par les recettes du casino. L'architecte-paysagiste Siesmayer le décrit comme son »oeuvre préférée«. La ville est le siège de l'administration des stations thermales d'Hesse.

Die idyllische Fachwerkzeile mit Rathaus und Brunnen aus dem 16. Jahrhundert gleicht einer Theaterdekoration für Spiele aus Krähwinkel. Das alte Butzbach hat sich viele Erinnerungen bewahrt: Steinzeitfunde im Heimatmuseum, Überreste des Limes mit rekonstruiertem Wachtturm als Andenken an die römische Garnison, Hexenturm und Landgrafengruft sowie den „Goldenen Löwen" als Handlungsort von Goethes „Hermann und Dorothea". Anders gesehen jedoch ist die Stadt im Wetteraukreis ein oberhessisches Industriezentrum.

The rows of idyllic framework houses with town hall and fountains dating back to the 16th century looks like a theater set for plays from a cultural backwater. Old Butzbach has preserved many memories: artifacts from the Stone Age in the Museum of Local History, remains of the Limes with reconstructed watch tower to commemorate the Roman garrison, enchanted tower and landgrave tomb as well as the "Goldener Löwe", which was the backdrop for Goethe's tale, "Hermann and Dorothea". In other respects, however, this city in the district of Wetterau is an Upper Hessian industrial center.

La rangée de maisons à pans de bois avec l'Hôtel de Ville et la fontaine ressemble à un décor de théâtre. L'ancien Butzbach a conservé nombre de souvenirs: des trouvailles de l'âge de la pierre dans le musée régional, des vestiges de la ligne romaine du Limes avec une tour de guet reconstruite, une tour des sorcières, le tombeau des landgraves ainsi que le »Goldenen Löwen« où Goethe situa l'action de son oeuvre »Hermann et Dorothée«. Mais la ville est également un centre industriel de la région du Wetterau.

Münzenberg im Wetteraukreis liegt zu Füßen eines Basaltrückens mit der eindrucksvollsten und mächtigsten Burgruine aus dem hohen Mittelalter („Wetterauer Tintenfaß"), angelegt von einem Ministerialen des Kaisers Barbarossa, zerstört im Dreißigjährigen Krieg. Bemerkenswert ist ferner die Pfarrkirche der kleinen Stadt. Romanische Details am Langhaus erlauben stilistische Vergleiche mit Steinmetzarbeiten an der Burg. Mittelalterliches Stadtbild mit Marktplatz, Rathaus, ehemaliger Hospitalkirche, Burgmannshöfen und Ziehbrunnen.

Münzenberg in Wetterau District lies at the foot of a basalt ridge. It has the most impressive and colossal castle ruins dating back to the High Middle Ages ("Wetterau inkpot"), built by a minister at the court of Emperor Barbarossa and destroyed during the Thirty Years War. The town's parish church is also worthy of note. Romanesque details in the long structure have led to stylistic comparisons with stone masonry work in the castle. A Medieval town with marketplace, town hall, former hospital church, inner castle yards and wells.

Münzenberg dnas la région du Wetterau s'étend au pied d'une paroi de basalte où se dresse un imposant fort en ruine construit au moyen-âge par un ministre de l'empereur Barberousse et détruit durant la guerre de Trente ans. L'église paroissiale de la petite ville est très intéressante à visiter. Des détails romans de la nef rappellent le style de certaines pierres sculptées du fort. La ville présente une physionomie médiévale avec sa place du Marché, son Hôtel de Ville, son ancienne église d'hôpital, ses cours intérieures et ses puits.

Schotten ist ein weiteres Schatzkästlein hessischer Fachwerkromantik. Sachkundige Betrachter erkennen in der Anordnung der Balken den landschaftstypischen Hessenmann. Einheitliche Häuserzeilen findet man in der Kirchstraße und Marktstraße – besonders schön das Rathaus mit Erker und Spitzbogenportalen. Die Stadt hat ihren Namen von iroschottischen Wanderpredigern und Missionaren. Die Mönche bauten, vermutlich im 8. Jahrhundert, eine Kirche, die heute nicht mehr besteht. Der Schottenring im Nordosten der Stadt war eine Bergrennstrecke.

Schotten is another treasure chest of Hessian framework charm. Experts recognize the work of the traditional Hessian in the arrangement of wooden beams. Uniform rows of houses can be found on Kirchstraße and Marktstraße – the town hall, with its large bay windows and arched portals is a particularly beautiful example. The city has its name from Scotch-Irish wandering preachers and missionaries. The monks built a church, presumably in the 8th century, which no longer exists. Schottenring in the north-eastern part of the town was once the site of mountain car races.

Schotten possède aussi l'atmosphère romantique particulière à la Hesse. Un connaisseur reconnaîtra le style typique à la région dans l'agencement des poutres des façades. Les rues Kirchstrasse et Markstrasse sont bordées de maisons à colombages. L'Hôtel de Ville est un bel édifice avec un encorbellement et un portail en ogive. La ville doit son nom aux prédicateurs irlandais et écossais. Schotten signifie écossais en allemand. Vers le 8e siècle, les moines bâtirent une église qui n'existe plus aujourd'hui. Le Schottenring dans le nord-est de la ville était une piste de courses pour motos.

Alsfeld zwischen Vogelsberg und Schwalmgrund hat sich im Denkmalschutzjahr als Europäische Modellstadt qualifiziert. Die Stadt verdankt ihre Bedeutung der Lage an der Handelsstraße von Frankfurt nach Thüringen („durch die kurzen Hessen"). Die historische Straße durchquert den Stadtkern zwischen Mainzer und Hersfelder Tor. Beim zentralen Straßenkreuzungspunkt liegt der Markt mit Rathaus und Stadtkirche, dem Weinhaus und dem Hochzeitshaus für Hochzeitsfeste der Alsfelder Handwerksmeister (heute: Heimatmuseum).

Alsfeld, which lies between Vogelsberg and Schwalmgrund, qualified as a model European city in the Year of Historical Monuments. The town's importance is based on its location on the Bergstaße between Frankfurt and Thuringia ("through short Hesse"). This historical road crosses the heart of the town between the Main and Hersfeld gates. Situated near the central intersection lies the marketplace with town hall and municipal church, the Weinhaus (wine tavern) and the Hochzeitshaus, which was used by Alsfeld master artisans for wedding ceremonies (now the Museum of Local History).

Alsfeld a été classée ville modèle européenne dans le cadre de l'année de la protection des monuments. La ville acquit autrefois de l'importance grâce à sa situation sur la route du Commerce entre Francfort et Thuringe. La route historique traverse le coeur de la commune entre les portes de Mayence et de Hersfeld. Au carrefour central, se trouve le marché avec l'Hôtel de ville, l'église paroissiale, la maison du Vin et la maison des Mariages où les maîtres-artisans d'Alsfeld célébraient leurs noces. Elle est un musée aujourd'hui.

Das Alsfelder Rathaus ist eins der schönsten und bestgepflegten in Hessen, Schmuck und Stolz der an historischen Bauwerken wahrlich nicht armen Stadt: ungewöhnlich der Steinsockel als Säulenhalle, die Fachwerkgeschosse und der Zwillingserker mit spitzen Turmhelmen. Die Walpurgiskirche mit achteckigem Turmaufsatz ist kostbar ausgestattet: Barockorgel, Schnitzaltar, gotische Kreuzigungsgruppe. Die Kirche ist ins kulturelle Leben der Stadt einbezogen: mit Chorkonzerten vom Turm und Christkindspiel.

The Alsfeld Town Hall is one of the most beautiful and well preserved in Hessen; it is the jewel and pride of the town, which does not exactly have a dearth of historical buildings: unusual features include a stone base housing as columned hall, a framework structure above it and twin bay windows with pointed turrets. The Walpurgiskirche with its octagon tower, has many valuable features: a Baroque organ, carved altar, Gothic crucifixion scene. The church is part of the city's cultural life, e. g. choir concerts from the tower and the Christmas pageant.

L'Hôtel de Ville d'Alsfeld est un des plus beaux et des mieux entretenus de Hesse. Il est la fierté et le joyau de la ville qui ne manque pourtant pas d'édifices historiques. Son soubassement en pierre, la façade à pans de bois et les deux encorbellements surmontés de clochetons pointus sont très particuliers. L'église Walpurgis flanquée d'une tour octogonale possède un aménagement précieux: un orgue baroque, un autel sculpté, un groupe sur la croix gothique. Des manifestations culturelles tels des concerts et des représentations de la crèche sont données dans l'église.

Schloß Eisenbach bei Lauterbach im Vogelbergkreis ist Stammsitz der Freiherrn Riedesel zu Eisenbach. Die mittelalterliche Burg der Abtei Fulda, seit 1217 beurkundet, ist im Laufe der Jahrhunderte mehrfach verändert und umgebaut, schließlich zum Schloß verändert worden. Das Schloß mit mittelalterlichem Kern bewahrt Stilmerkmale der Spätgotik und Renaissance. Eisenbach ist ein beliebtes Ausflugsziel, kann aber nur von außen besichtigt werden (Torbau in der Hauptburg, Palas und Treppenturm des Wohnhauses).

Eisenbach Castle, near Lauterbach in Vogelsberg District, is the ancestral seat of barons Riedesel zu Eisenbach. The Medieval stronghold of Fulda Abbey, which was first documented in 1217, has been changed and rebuilt many times over the centuries and finally made into a castle. The castle, built around a Medieval core, preserves the characteristic styles of the late Gothic and Renaissance periods. Eisenbach is a popular destination for excursions, but can be seen only from the outside (gatehouse in the main castle, palace and tower with stairs in the residential quarters).

Le château Eisenbach près de Lauterbach dans la région du Vogelsberg est le berceau de la famille des barons Riedesel zu Eisenbach. Le fort médiéval de l'abbaye Fulda, mentionné depuis 1217, fut plusieurs fois reconstruit et modifié au cours des siècles jusqu'à ce qu'il soit transformé en château. L'édifice dont le coeur est moyenâgeux, a conservé des éléments de style gothique tardif et Renaissance. Eisenbach est un but d'excursion fréquent, mais ne peut pas être visité à l'intérieur.

Die Grundrißstruktur der ehedem selbständigen Grafschaft Schlitz läßt auf Wehrhaftigkeit der Erbmarschälle von Schlitz schließen. Die Verteidigungsmauern umschlossen kreisförmig den Ortskern mit Hinter- und Vorderburg sowie der Pfarrkirche. Die Stadtmauer ist zum Teil erhalten. Man nennt Schlitz die Burgenstadt und das hessische Rothenburg. Tatsächlich haben die Erbmarschälle, später Reichsgrafen, fünf Burgen hinterlassen – noch: Ottoburg, Hallen- und Schachtenburg.

The ground plan of what was once the independent principality of Schlitz provides insight into the military ingenuity of the hereditary marshals of Schlitz. The fortifications encircle the center of the town, with a fortress in the front and the rear, as well as the parish church. The city wall has been partially preserved. Schlitz is called the city of castles and the Rothenburg of Hesse. Indeed. the hereditary marshals, who later became counts, left behind five castles, including Ottoburg, Hallenburg and Schachtenburg.

Les maréchaux héréditaires de Schlitz savaient se défendre ainsi que le montrent les structures de l'ancien comté indépendant de Schlitz. Une enceinte fortifiée entourait le coeur de la localité comprenant un fort arrière et un fort avant ainsi que l'église. Les murs extérieurs sont en partie conservés. On appelle Schlitz la ville des châteaux-forts ou la Rothenburg hessoise. Les maréchaux héréditaires, plus tard comtes d'Empire, ont en effet laissé cinq châteaux outre ceux d'Ottenburg, de Hallen et de Schachtenburg.

Die Altstadt von Schlitz ist eine einzige mittelalterliche Festung. Die Herren von Schlitz, Vögte der Abtei Fulda, verwandelten die Siedlung durch Bau von Burgen in eine Verteidigungsanlage. Der Bergfried der Hinterburg (Foto) mit Fachwerkgeschoß, das nebenstehende Renaissancehaus, die Pfarrkirche sowie das Rathaus mit barockem Dachreiter fügen sich zum beeindruckenden mittelalterlichen Bauensemble. Eine fünfte Burg derer von Schlitz aus dem 18. Jh. liegt im Tal: die Hallenburg.

The old part of Schlitz is a unique Medieval fortress. The lords of Schlitz, church advocates of Fulda Abbey, transformed the settlement into a fortress by constructing several castles. The keep of the rear castle (photo), with a framework upper floor, the adjacent Renaissance house, parish church and the town hall with Baroque turrets, form an impressive ensemble of Medieval architecture. A fifth castle of the lords of Schlitz, dating back to the 18th century, lies in the valley; it is called Hallenburg.

La vieille ville de Schlitz est une véritable forteresse médiévale. Les maîtres de la ville, baillis de l'abbaye de Fulda, fortifièrent la localité en y faisant bâtir des châteaux. Le donjon de Hinterburg avec sa façade à pans de bois (photo), la maison Renaissance avoisinante et l'Hôtel de Ville au pignon baroque forment un ensemble d'architecture médiévale impressionnant. La Hallenburg, un cinquième château que les maîtres de Schlitz firent bâtir au 18e siècle, se dresse dans la vallée.

Beim Dorf Rönshausen zwischen der Bischofsstadt Fulda und der Segelfliegerstadt Gersfeld ist die Fulda noch ein Wiesenbach. Kaum 20 Kilometer von ihrem Ursprung auf der Wasserkuppe entfernt, bietet sie dem Wanderer in der Rhön noch kein ernsthaftes Hindernis. 200 Kilometer liegen vor ihr, bis sie sich bei Münden mit der Werra vereint und beide Quellflüsse ihren Namen verlieren. Die Hohe Rhön ist ein armes Land. Vorherrschend sind Schafweiden, einmähdige Wiesen und spärlich bewachsene Höhen, über die Wanderschäfer ihre Herden treiben.

Near the village of Rönshausen, situated between the Bishop's seat of Fulda and the glider's town of Gersfeld, the Fulda is nothing more than a brook flowing through meadows. Not quite 20 kilometers from its source on Wasserkuppe, it provides no serious barriers to hikers wandering through the Rhön. It is another 200 kilometers before it joins the Werra, and the names of the two source rivers disappear. Hohe Rhön is a poor region. The dominating features are sheep meadows, single-harvest fields and elevations with sparse growth where the shepherds drive their flocks.

La Fulda est encore un ruisseau quand elle passe au village de Rönshausen situé entre la ville d'évêché Fulda et Gersfeld, la ville des deltaplanes. A 20 kilomètres à peine de sa source au massif de la Wasserkuppe, elle n'est pas encore un obstacle sérieux pour le randonneur qui parcourut la Rhön. Elle a 200 kilomètres de trajet avant de se réunir à la Werra pour former la Weser. La Hohe Rhön est une région pauvre. Le sol aride permet seulement l'élevage de moutons. Une image typique est celle de bergers entraînant leurs troupeaux sur des hauteurs à la végétation rare.

Die Rhön ist kein geschlossenes Waldgebiet, sondern weites, rollendes Land. Man nennt sie das Land der offenen Fernen. Das sanfte, einsame Hügelland (113 Bewohner pro Quadratkilometer) wechselt zwischen kahlen Kuppen, Wacholderheiden und Wiesenhängen, Hochmooren, Waldflecken und Quellentälern. Man unterscheidet drei Landschaftsvarianten der Rhön: das Fuldaer Rhönvorland, die Kuppige Rhön und die Hohe oder Lange Rhön. Das sind flache Bergrücken, gewölbte Kuppen und ein weites, welliges, waldarmes Hochplateau.

The Rhön is not a self-contained forested region, but rather a vast, rolling terrain. It is known as the land of open vistas. The gentle, remote hilly region (113 inhabitants per square kilometer) alternates between bare hilltops, juniper heaths and grassy slopes, plateaus, patches of forest and valleys filled with springs. There are three different types of terrain in the Rhön: the Fuldaer Rhönvorland, the Kuppige Rhön and the Hohe or Lange Rhön. These are low mountain ridges, rounded hilltops and a vast, undulating, treeless plateau.

La Rhön n'est pas un territoire boisé fermé, mais une vaste région ondulée. On l'appelle le pays des horizons ouverts. Les collines douces et solitaires (113 habitants au km) alternent avec des sommets arides, des landes de génévriers, des versants herbeux, des marécages, des forêts et des vallées où jaillissent des sources. On distingue trois sortes de paysages dans la Rhön: la vallée de la Fulda, les collines de la Rhön et les hauteurs de la Rhön. Elles sont formées de croupes montagneuses aplaties, de massifs bombés et d'un vaste haut-plateau ondulé et peu boisé.

Der Naturpark Rhön hat eine Fläche von 700 Quadratkilometern. Das ist ungefähr die Hälfte des Landkreises Fulda. Die erholsame Mittelgebirgslandschaft setzt sich über die Landesgrenze hinweg im Naturpark Bayerische Rhön (mit 1250 Quadratkilometern) sowie der Thüringer Vorderrhön fort. Foto: Blick über die Hohe Rhön mit Wasserkuppe, Revier der Segelflieger, Heidelstein und Kreuzberg als höchsten Gipfeln (950 , 926 und 928 Meter); weit im Hintergrund: Bischofsstadt Fulda.

The Rhön National Park covers an area of 700 square kilometers. This makes up approximately one half of the district of Fulda. Beyond the state's borders, this peaceful, hilly landscape continues as the Bavarian Rhön National Park (1,250 square kilometers) and the Thuringian Vorderrhön. Photo: View of Hohe Rhön and the Wasserkuppe, (a popular spot for gliders), Heidelstein and Kreuzberg mountains, which are the highest peaks (950, 926 and 928 meters); far in the background lies the bishop's seat of Fulda.

Le parc naturel de la Rhön a une superficie de 700 kilomètres carrés, ce qui représente environ la moitié du département de Fulda. Le paysage paisible de montagnes moyennes s'étend au-delà des frontières du Land jusque dans le parc naturel de la Rhön bavaroise (1250 km) ainsi que dans la Rhön thuringienne. Photo: vue sur les hauteurs de la Rhön avec les trois plus hauts sommets: la Wasserkuppe, domaine des planeurs, le Heidelstein et le Kreuzberg (950, 926, 928 m), dans le lointain: la ville d'évêché de Fulda.

Der barocke Dom zu Fulda, geweiht 1712 verdrängte die karolingische Klosterkirche aus dem Beginn des 9. Jahrhunderts. Diese dreischiffige Basilika war Jahrhunderte hindurch das größte Gotteshaus südlich der Alpen. Auftraggeber war Fürstabt Schleifras. Der Dom St. Salvator und St. Bonifatius birgt das Grab des heiligen Bonifatius. Die Michaelskirche ist in Deutschland die älteste Nachbildung der Jerusalemer Grabeskirche Christi (Foto: die Rotunde).

The Baroque cathedral of Fulda, dedicated in 1712, replaced the Carolingian monastery church dating back to the early 9th century. For centuries, this triple-knave basilica was the largest church south of the Alps. It was commissioned by Abbot Schleifras. The Cathedral of St. Salvator and St. Bonifatius houses the grave of Saint Boniface. Michaelskirche is Germany's oldest reproduction of the Church of the Sepulcher in Jerusalem (Photo: the rotunda).

La cathédrale baroque de Fulda, consacrée en 1712, a évincé l'église de cloître carolingienne construite au début du 9e siècle. Cette basilique à trois nefs resta durant des siècles la plus grande maison de Dieu au nord des Alpes et fut bâtie pour le prince-abbé Schleifras. La cathédrale St-Salvator et St-Boniface renferme le tombeau de Boniface. L'église Saint-Michel est la plus ancienne reproduction de l'église-sépulture du Christ à Jérusalem (photo: la rotonde).

Marktrechte hat Fulda seit annähernd tausend Jahren, einige der zahlreichen Fachwerkhäuser stammen noch aus dem späten Mittelalter. Das alte Fuldaer Rathaus mit reichem Fachwerkschmuck ist ein spätgotisches Bauwerk (Ende 13. Jahrhundert). Die Wasserkuppe (mit 950 Metern höchste Erhebung in Hessen) ist das traditionelle Revier der Segelflieger und Drachengleiter. Darmstädter Studenten haben nach dem Ersten Weltkrieg mit dem Segelflugsport begonnen. Wenig später kam der erste Wettbewerb, zuletzt ein Museum.

Fulda has had market rights for almost a thousand years; some of the numerous framework houses date back to the late Middle Ages. The old Fulda Town Hall, richly decorated with framework designs, is a building from the late Gothic period (late 13th century). Wasserkuppe (its 950 meters make it the highest point in Hesse) is the traditional spot for gliders and hang-gliders. Darmstadt students started the sport after the First World War. Shortly thereafter came the first competition, and later a museum was built.

Fulda a le droit de tenir marché depuis près de mille années. Quelques-unes des maisons à colombages datent de la fin du moyen-âge. L'ancien Hôtel de Ville a été construit en style gothique tardif à la fin du 13e siècle. Le massif de la Wasserkuppe, le sommet le plus élevé de Hesse avec 950 mètres de hauteur, est le domaine des planeurs et des deltaplanes. Des étudiants de Darmstadt commencèrent à faire du planeur dans cette région après la première guerre mondiale. Une première course était organisée un peu plus tard. Un musée a été érigé dernièrement.

So haben die Segelflieger der Rhön Gersfeld unzählige Male gesehen und in Erinnerung behalten: ein kleines altes Städtchen auf der Grenze zwischen dem Kloster Fulda und dem Bistum Würzburg, seit langem Wintersportzentrum, neuerdings auch Kneippbad und Luftkurort. Gersfeld ist Ausgangspunkt für den Hochrhönring, eine 40 Kilometer lange Ausflugsstraße durch die hessische Rhön. Die Route berührt die Wasserkuppe, Milsenburg, Stellberg, Maulkuppe, Steinwand und die Ebersburg. Unterwegs gibt es knapp ein Dutzend Parkplätze.

The gliders of the Rhön have seen Gersfeld countless numbers of times, and it will remain in their memories as a small, old town on the border between Fulda Monastery and the Bishopric of Würzburg; it has long been a center for winter sports, more recently a Kneipp spa and fresh-air health resort. Gersfeld is where the Hochrhönring begins, a 40 kilometer scenic road through the Hessian Rhön. The route provides a view of Wasserkuppe, Milsenburg, Stellberg, Maulkuppe, Steinwand and Ebersburg. There are close to a dozen parking spots along the way.

C'est ainsi que les pilotes de planeurs de la Rhön voient la petite ville de Gersfeld située à la frontière des évêchés de Fulda et de Würzburg, station de sports d'hiver et depuis peu station climatique et de cures Kneipp. Gersfeld est le point de départ du Hochrhönring, une route de 40 kilomètres qui traverse la Rhön hessoise et passe par la Wasserkuppe, Milsenburg, Stellberg, la Maulkuppe, Steinwand et Ebersburg. Une douzaine de parcs de stationnement se trouvent sur la route.

Limburg, einst am Schnittpunkt von fünf bedeutenden mittelalterlichen Handelsstraßen (Frankfurter Straße, Hühnerstraße, Hohe Straße, Hessenstraße, Koblenzer Straße), wird von den Verkehrsströmen der Neuzeit scheinbar kaum noch beachtet – allenfalls als Idylle mit dem hochragenden Dom (Bildmitte). In Wahrheit kreuzen sich noch heute in Limburg vier Bundesstraßen mit Anschluß an die Verkehrsader Frankfurt-Köln. Die Stadt ist Verwaltungssitz zahlreicher Behörden, Wirtschaftszentrum mit bedeutenden Unternehmen der Industrie und des Handels (Bundesbahnausbes-

Limburg, once situated at the crossroads of five important Medieval trade routes (Frankfurter Straße, Hühnerstraße, Hohe Straße, Hessenstraße, Koblenzer Straße) now seems to be largely ignored by the streams of present-day traffic – at best, it is an idyllic place with a towering cathedral (center). Today, four federal roads still meet in Limburg, with links to the Frankfurt-Cologne traffic artery. The town is the administrative seat for numerous authorities and is the economic center with important firms in industry and trade (repair shops of the Federal Railways, glassworks, tinware

Limburg qui se trouvait au moyen-âge au croisement de cinq routes importantes de commerce (Franfurter strasse, Hühnerstrasse, Hohe Strasse, Hessenstrasse, Koblenzerstrasse) semble aujourd'hui à l'écart du trafic routier et n'offrir depuis l'autoroute que la jolie vue d'une ville dominée par sa cathédrale (au milieu de la photo). En vérité, quatre routes nationales qui rejoignent l'autoroute Francfort-Cologne, se croisent encore à Limburg. La ville est le siège administratif de nombreux services publics, un centre industriel et commerçant important (usine de réparations des

serungswerk, Glashütte, Blechwarenfabrik, Druckereien). Die Kreisstadt im fruchtbaren Limburger Becken mit Taunus und Westerwald als Hinterland ist außerdem Sitz eines Bischofs und übt große Anziehungskraft auf den Fremdenverkehr aus. Die Limburger Altstadt mit engen Gassen und kostbaren Fachwerkfassaden aus dem 16. bis 18. Jh. gilt neben Marburg als besterhaltene im Lahntal.

factory, printing shops). The district capital in the fertile Limburg basin, with the Taunus and Westerwald in the background, is also a bishop's seat and holds an enormous attraction for the tourist trade. The old part of Limburg, with narrow alleys and valuable framework facades dating back to the 16th to 18th centuries, is considered to be one of the best preserved in the Lahn valley, second only to Marburg.

chemins de fer, cristalleries, usine de fer-blanc et imprimeries). Le chef-lieu, situé dans un bassin fertile avec le Taunus et le Westerwald en arrière-plan, est en outre siège d'évêché et un centre très touristique. La vieille ville aux ruelles étroites bordées de jolies maisons à colombages est avec Marburg une des curiosités historiques les mieux conservées de la vallée de la Lahn.

Der Dom auf dem Kalkfelsen am Lahnufer ist das Wahrzeichen von Limburg. So haben die Vedutenmaler der Vergangenheit die Stadt gesehen und dargestellt, nach ihnen die Radierer und Stahlstecher, schließlich die Fotografen. Die großartige, kunsthistorisch hochinteressante Gottesburg wurde in der zweiten Hälfte des 13. Jahrhunderts vollendet, zur Zeit wirtschaftlicher Blüte. Der Stil verrät das Kräftespiel zeitgenössischer Kunstauffassungen: zwischen Spätromantik und Frühgotik. Der Turmhelm ist ein halbes Jahrtausend jünger.

The cathedral on the limestone cliffs along the banks of the Lahn river is the symbol of Limburg. This is how landscape painters of the past regarded and portrayed the town and later the etchers, steel engravers and finally the photographers as well. The magnificent religious fortress, which is significant from the perspective of art history, was completed in the second half of the 13th century. The style reveals the power struggle between contemporary artistic approaches: between the late Romanesque and early Gothic styles. The turret was built 500 years later.

La cathédrale qui se dresse sur un rocher calcaire au bord de la Lahn est le symbole de Limburg. Elle est l'image de la ville que les peintres de paysages d'autrefois, les graveurs à l'eauforte et sur cuivre et plus tard les photographes ont vue et représentée. La construction de l'admirable cathédrale au passé historique passionnant a été achevée dans la deuxième moitié du 13e siècle alors que la ville vivait une grande prospérité économique. Son architecture trahit deux styles qui s'opposaient à l'époque: le roman tardif et les débuts du gothique. Le haut du clocher a été construit cinq cents ans plus tard.

Die Vierungskuppel schwebt wie eine Krone über der himmelstrebenden, entmaterialisierten Steinmasse der Säulen. Der unbekannte Baumeister hat sich das Beispiel rheinischer Kaiserdome zum Vorbild genommen. Man vermutet, daß er von einer Kölner oder rheinischen Dombauhütte kommt. Die Kunsthistoriker haben französischen Stileinfluß nachgewiesen – namentlich durch die Kathedrale von Laon. Georg Dehio hat sich schwärmerisch zu dem Werk geäußert: „... eine wahre Synthese, wie sie nur dem schöpferischen Geist gelingt."

The crossed cupola hangs like a crown above the towering, dematerializing stone structure of the columns. The unknown builder based his design on the imperial cathedrals of the Rhineland. It is assumed that he came from a group of cathedral builders in Cologne or Rhineland. Art historians have been able to trace a French influence: the cathedrals of Laon. Georg Dehio expressed his enthusiastic opinion of the building: "... a true synthesis as can be achieved only by a creative mind."

La coupole de la croisée du transept semble reposer telle une couronne sur les élégantes colonnes de pierre qui s'élancent vers le ciel. L'architecte inconnu a pris les cathédrales rhénanes comme modèle. On suppose qu'il venait d'une corporation colonaise ou rhénane. Les historiens d'art ont déterminé une influence française dans le style qui est très similaire à celui de la cathédrale de Laon. Georg Dahio a décrit l'édifice en termes enflammés: »Une vraie synthèse comme seul un esprit créateur peut la concevoir.«

Beim Anblick von Dietkirchen wird der Wanderer an der Lahn, Limburg im Rücken, an eine Motivwiederholung mittelalterlicher Landschaftsgestaltung glauben: ein Gotteshaus auf steilem Kalkfelsen, nur ohne Stadt und Brücke. Der Eindruck ist nur teilweise zutreffend. Eine Brücke und eine Stadt wie in Limburg gibt es nicht, aber eine Landgemeinde und eine Personenfähre. Die katholische Pfarrkirche St. Lubentius und Juliana aus dem 11. und 12. Jahrhundert zählt zu den berühmtesten früh- und hochromanischen Kirchen im Lahntal.

To a person walking along the Lahn, the view of Dietkirchen, with Limburg in the background, will look like a reproduction of Medieval landscaping – a church on a perpendicular limestone cliff, but without the town or bridge. This impression is only partly true. There is no bridge or town like in Limburg; instead it is a rural community with a passenger ferry. The Catholic parish church of St. Lubentius and Juliana, dating back to the 11th and 12th centuries, is one of the most famous early and high Romanesque churches in the Lahn valley.

Le randonneur qui se retrouve devant Dietkirchen avec Limburg derrière lui croira voir la réplique d'une image médiévale connue: comme à Limburg, une église se dresse sur un rocher calcaire abrupt, seulement la scène ne montre ni ville ni pont. Les apparences sont un peu trompeuses. Au lieu d'une ville, il y a une commune rurale et un bac remplace le pont. L'église paroissiale Saint Lubentius et Juliana, construite aux 11e et 12e siècles, est un des plus célèbres édifices religieux de style roman de la vallée de la Lahn.

Das Motiv ist überwältigend: die alte Lahnbrücke mit den Häusern der Stadt Runkel zu Füßen des Burgfelsens. Im Stadtinneren wirken die engen Straßen unter den steilen Felsenmassen fast schon beklemmend. Die Geschichte der Stadt und der Burg beginnt mit einem Flußübergang vom Goldenen Grund zum anderen Lahnufer. Die Burg war der Wachtposten (12. Jahrhundert). Gegenüber thronten die feindlichen Vettern in der Trutzburg Schadeck. Die Anlagen sind beide bewohnt. Schauräume und ein Museum in der Burg Runkel kann man besichtigen.

The scene is overwhelming: the old bridge over the Lahn and the houses of Runkel at the foot of the castle rock. In the center of the town, the narrow streets and steep rocky slopes are almost oppressive. The history of the town and castle begins with a river crossing from the Goldener Grund to the opposite bank of the Lahn. The castle was used as a look-out (12th century). Opposite it ruled the enemy Schadeck cousins of Trutzburg. The complexes of both castles are occupied. The exhibition rooms and museum of Runkel Castle are open to the public.

L'image est impressionnante: le vieux pont de la Lahn avec les maisons de Runkel au pied du rocher où se dresse un château-fort. Les ruelles étroites de la ville donnent un sentiment d'oppression sous la paroi rocheuse qui tombe à pic. L'histoire de la localité et du château commence avec la traversée de la Lahn de la région du Wetterau sur l'autre rive. Le château était poste de guet (12e siècle). De l'autre côté, les cousins ennemis occupaient la forteresse de Schadeck. Les deux édifices sont encore habités aujourd'hui. On peut visiter un musée et des salles d'apparat dans le château de Runkel.

Neuerlicher Höhepunkt einer Lahnreise: das Renaissanceschloß mit barocker Schloßkirche in beherrschender Höhe über der Lahnschleife und der Stadt. Weilburg gilt als besterhaltene nassauische Residenz – nämlich der Grafen von Nassau-Weilburg, die erst 1816 Regierungssitz und Residenz nach Wiesbaden verlegten. Die Stadt liegt dem Schloß mit demutsvoller Anmut zu Füßen. Das alte Stadtbild mit sorgsam restaurierten und gepflegten Fassaden entzückt durch seine Farbigkeit und Intimität.

Another high point of a trip along the Lahn: the Renaissance castle with Baroque chapel at a dominating height above a loop of the Lahn and the town. Weilburg is considered to be the best preserved royal seat of Nassau (the counts of Nassau-Weilburg), who transferred the seat of government and their residence to Wiesbaden in 1816. The charming town lies humbly at the foot of the castle. The old part of town, with its carefully restored and well cared-for facades, delights the visitor with its colorful and intimate atmosphere.

Une des plus belles excursions de la vallée de la Lahn: le château Renaissance avec une église baroque perché au-dessus d'une boucle de la rivière. Weilburg est la ville de résidence la mieux conservée de la dynastie Nassau. La branche des comtes de Nassau-Weilburg qui y vivait ne transféra le siège du gouvernement et la résidence à Wiesbaden qu'en 1816. La ville s'étend au pied du château avec une grâce modeste. La vieille ville aux maisons restaurées avec soin offre une image colorée ravissante.

Vorbild war wieder einmal Versailles: Die Grafen von Nassau-Weilburg wetteiferten mit dem Repräsentationsbedürfnis der anderen deutschen Duodezfürsten, die ihre politische Bedeutungslosigkeit hinter anmaßendem Auftreten und aufwendiger Prachtarchitektur verbargen. Die Karriere der Weilburger rechtfertigt in gewisser Weise ihre Baufreudigkeit. Sie waren seit 1739 Fürsten, seit 1806 Herzöge und seit 1890 Großherzöge (von Luxemburg). Ein vorsorglich bestellter Schloßgarten mit Orangerie nach Versailler Modell ist als angemessener Rahmen vorstellbar.

This castle was another to be patterned after Versailles: The counts of Nassau-Weilburg competed with the representation styles of other German princelings who hid their political insignificance behind presumptuous entrances and expensive, pompous architecture. To some extent, the careers of the Weilburgers justified their building fervor. They became counts in 1739, dukes in 1806 and grand dukes (of Luxembourg) in 1890. One can imagine this carefully appointed estate with orangery, patterned after Versailles, as an appropriate setting.

Versailles fut de nouveau pris pour modèle: le besoin de représentation des comtes de Nassau-Weilburg n'était pas moindre que celui des autres princes allemands qui cachaient leur insignifiance politique derrière des trains de vie et des édifices somptueux. La carrière des Weilburg justifie d'une certaine manière la construction de leur magnifique château: il étaient princes depuis 1739, ducs à partir de 1806 et grands-ducs de Luxembourg en 1890. Le parc et l'orangerie qu'ils firent aménager sur le modèle de Versailles est un cadre parfait pour l'édifice.

Die Häuser der Stadt Braunfels umgeben das Schloß wie Zuschauer eine Zirkusmanege. Schloß Braunfels auf einer Basaltkuppe ist eine historisierende Anlage im Stil der Gotik (19. Jahrhundert) mit Bergfried, Toren und Türmen um den erhaltenen Kern einer Burg aus dem 13. Jahrhundert sowie spätgotische Verstärkungen und barocke Hinzufügungen. Das Schloß im Familienbesitz der Fürsten Solms-Braunsfels wird bewohnt, ist aber dennoch für Besucher zugänglich. Sehenswert ist das Museum im Palas sowie das fürstliche Familienmuseum.

The houses of Braunfels surround the castle like spectators at a circus. Braunfels Castle, situated on a basalt peak, is a historical complex from the Gothic period (19th century), with keep, gates and towers surrounding the preserved heart of a 13th century castle, also including late Gothic fortifications and Baroque additions. The castle, which is owned by the royal family of Solms-Braunsfels, is occupied, but still it is open to the public. The museum in the palace as well as the royal family museum are worth seeing.

Les maisons de la ville de Braunsfels entourent le château comme des spectateurs assis autour d'une piste de cirque. Le château Braunsfels, perché sur un rocher arrondi de basalte, est un édifice historique de style néo-gothique (19e s) avec un donjon, des portes et des tours construits autour du noyau conservé d'un fort du 13e siècle auquel viennent s'ajouter des éléments gothiques tardifs et baroques. Le château, propriété des princes de Solms-Braunsfels, est habité, mais peut être visité. Il abrite un musée intéressant qui renferme les collections de la famille princière.

Wetzlar ist geprägt von Gunst und Mißgunst einer bewegten Vergangenheit. Kaiser Barbarossa hatte die Siedlung am linken Ufer der Lahn zur Freien Reichsstadt erhoben. In neuerer Zeit war Wetzlar über 100 Jahre Sitz des Reichskammergerichts und ist in der Gegenwart als Industriestadt weltweit bekannter Produktionszweige aufgeblüht. Der Dom (Ende 12. bis 14. Jahrhundert) ist Simultankirche für beide Konfessionen. Die steinerne Lahnbrücke mit sieben Bögen ist 700 Jahre alt; gegenüber: Hospitalkirche (18. Jahrhundert).

Wetzlar is characterized by the benevolence and maliciousness of a vibrant past. Emperor Barbarossa raised the settlement on the left bank of the Lahn to the status of Free City. In more recent times, Wetzlar was the seat of the Imperial Supreme Court for more than 100 years; it has now developed into an industrial center with internationally known production branches. The cathedral (late 12th century to 14th century) is a church for the two branches of Christianity. The stone Lahn Bridge, with its seven arches, is 700 years old; opposite it is the hospital church (18th century).

Wetzlar est imprégnée des bienfaits et des préjudices que lui apporta son passé mouvementé. L'empereur Barberousse éleva la localité de la rive gauche de la Lahn au rang de ville libre impériale. Plus tard elle fut siège de la Cour suprême d'Empire durant plus de cent ans et est aujourd'hui une ville industrielle florissante dont les produits (Leica) sont connus dans le monde entier. La cathédrale (fin du 12e au 14e s) sert aux deux confessions. Le pont en pierre aux sept arches de la Lahn a 700 ans. En face: l'église de l'hôpital du 18e siècle.

Gießen hat die Zerstörung im Zweiten Weltkrieg als Universitätsstadt überstanden, als Industriestadt, Behördenstadt, Eisenbahnknotenpunkt (untere rechte Bildkante: Hauptbahnhof) und Spinne im Verkehrsnetz (mit Autobahnanschluß). Die Altstadt existiert nicht mehr. Der Wilhelmsturm, Wahrzeichen der Stadt Dillenburg, stammt aus dem 19. Jahrhundert, ist also jünger als das im 18. Jahrhundert zerstörte Schloß und ist doch von Bedeutung für die Geschichte der Fürsten von Nassau-Oranien: Im Inneren ist ein Nassau-Oranisches Museum untergebracht.

Giessen survived destruction in the Second World War as a university town, industrial center, administrative seat, railroad junction (lower right: main train station) and the center of a traffic network (with links to highways). The old part of town no longer exists. Wilhelmsturm, symbol of Dillenburg, dates back to the 19th century. It is therefore younger than the castle, which was destroyed in the 18th century, and yet played an important role in the history of the counts of Nassau-Oranien. The tower contains the Nassau-Oranien Museum.

Très endommagée pendant la dernière guerre mondiale, Giessen est cependant restée ville universitaire, industrielle et administrative. Elle est aussi une plaque-tournante du réseau de chemin de fer (en bas à droite sur l'image: la gare) et est reliée à l'autoroute. La vieille ville n'existe plus. La tour de Wilhelm qui domine la ville de Dillenburg date du 19e siècle et a donc été construite après le château détruit au 18e siècle. Elle est pourtant importante dans l'histoire des princes d'Orange-Nassau car elle abrite le musée de la dynastie.

Das verwinkelte, romantische, unbeschädigte Marburg ist eine der drei traditionsreichen Universitäten im Land. Mit der Vergangenheit der alten Stadt (wie auch der hessischen Landgrafschaft) ist das Leben der heiligen Elisabeth verwoben. Sie gründete das Franziskanerhospital und starb in Marburg. Über ihrem Grab baute der Deutsche Ritterorden die frühgotische Elisabethkirche (Foto: im Bild links). Die Marburger Elisabethkirche ist mit der Liebfrauenkirche in Trier das älteste Sakralbauwerk der Gotik in Deutschland.

The angular, romantic and undamaged city of Marburg has one of the state's three universities, rich in tradition. The life of St. Elizabeth is woven into the past of the old city (and of the Hessian landgraviate). She founded the Franciscan hospital and died in Marburg. The Teutonic Order built the early Gothic Elisabethkirche over her tomb (left). Along with the Liebfrauenkirche in Triers, the Marburg Elisabethkirche is Germany's oldest sacred building from the Gothic period.

La ville romantique et bien conservée de Marburg est une des trois villes universitaires riches en traditions d'Allemagne. La vie de Sainte Elisabeth est liée au passé de l'ancienne ville et à celui du landgraviat hessois. La sainte fonda l'hôpital des Franciscains et mourut à Marburg. L'ordre des Chevaliers Teutoniques bâtit l'église Sainte-Elisabeth de style gothique sur son tombeau (photo: à gauche). L'église est avec la Liebfrauenkirche à Trèves, le plus ancien édifice religieux de style gothique en Allemagne.

Marburg war die Residenz der Landgrafen von Hessen. Einer gründete die Universität und lud Luther und Zwingli zum berühmten Marburger Gespräch ein. Berühmt wurde auch die Universität durch Wissenschaftler wie Robert Bunsen, Emil von Behring und Rudolf Karl Bultmann. Sie war jahrhundertelang der prägende Wirtschaftsfaktor der Stadt und ist es als Wegbereiterin der Behring-Werke auch geblieben. Die religiöse Überzeugung des Universitätsgründers hat ihre Wirksamkeit ebenfalls beibehalten: Marburg ist zu 77 Prozent protestantisch.

Marburg was the seat of the Hessian landgraves. One of them founded the university and invited Luther and Zwingli to attend the famous Marburg Conference. The university was also made famous by scholars such as Robert Bunsen, Emil von Behring and Rudolph Karl Bultmann. For centuries, the university was the town's strongest economic asset and still retains this function as the precursor of the Behring Works. The religious convictions of the university's founder have also remained: Marburg is approximately 77 percent Protestant.

Marburg était la résidence des landgraves de Hesse. L'un d'eux fonda l'université et invita Luther et Zwingli aux célèbres débats de Marburg. L'université acquit sa réputation grâce à des savants tels Robert Bunsen, Emil von Behring et Rudolf Karl Bultmann. Durant des siècles, elle fut le facteur économique le plus important de la ville et est restée un creuset de chercheurs pour les usines Behring. La croyance religieuse du fondateur de l'université imprègne toujours la ville: Marburg est protestante à 77 pour cent.

Die puppenhaft kleine Stadt Amöneburg auf einem erloschenen Vulkankegel im Amöneburger Becken war bereits in prähistorischer Zeit besiedelt. Ins Licht der Geschichte geriet die Gemeinde duch Bonifatius, der im Jahr 721 auf dem Basaltstock das erste hessische Kloster gründete. Amöneburg thronte schützend über mittelalterlichen Handelswegen. Als diese jedoch verlegt wurden, verlor es jegliche Bedeutung und existierte weiter als Ackerbürgerstädtchen mit großer Vergangenheit und schwierigen Lebensbedingungen.

The dollhouse-like town of Amöneburg, situated on an extinct volcano in the Amöneburg Basin, was inhabited even in prehistoric times. The community was brought into the light of history by Boniface, who founded the first Hessian monastery on the basalt rock in 721. Amöneburg looks down protectively upon Medieval trade routes. But when these routes were transferred elsewhere, the town lost all significance and continued to exist as a farming community with a great past and harsh living conditions.

Amöneburg à l'aspect de ville de poupée et qui est située sur un ancien volcan éteint dans le bassin d'Amöneburg, était déjà habitée à l'ère préhistorique. La commune entra dans l'histoire en 721, date à laquelle Boniface fonda le premier cloître hessois sur le rocher de basalte. Amöneburg protégeait des voies de commerce moyenâgeuses. La ville perdit de son importance quand les routes furent déviées et devint une communauté rurale au grand passé et aux conditions de vie difficiles.

Ebsdorfergrund im Landkreis Marburg-Biedenkopf ist eine Verbandsgemeinde aus 13 Dörfern (Gemeindeverwaltung in Ebsdorfergrund-Dreihausen). Das Schloß Rauischholzhausen im gleichnamigen Ortsteil dient der Universität Gießen für Lehrzwecke und ist daher nur zum Teil öffentlich zugänglich. Das prächtige Bauwerk im Stil der Neurenaissance erinnert an Schlösser in England und gilt als Kleinod des Historismus (19. Jahrhundert). Die Anlage mit Fachwerkelementen, Türmchen und Erkern ist von einem weitläufigen Park umgeben.

Ebsdorfergrund in the district of Marburg-Biedenkopf is an association of 13 villages (municipal administration in Ebsdorfergrund-Dreihausen). Rauischholzhausen Castle in the town district of the same name is used by the University of Gießen for educational purposes and is therefore only partially open to the public. The magnificent Neo-Renaissance building is similar to castles in England and is considered to be a historical jewel (of the 19th century). The complex, with its framework structures, small towers and large bay windows is surrounded by a vast park.

Ebsdorfergrund, située dans le département de Marburg-Biedenkopf, est une aggglomération composée de 13 villages dont le centre administratif se trouve à Ebsdorfergrund-Dreihausen. Le château Rauischholzhausen (dans la même commune) n'est ouvert qu'en partie au public car l'université de Giessen y organise des séminaires. L'édifice imposant de style Nouvelle Renaissance rappelle les châteaux anglais et est un joyau de l'historisme (19e s). Un vaste parc entoure le château orné d'éléments à pans de bois, de tours et d'encorbellements.

Die Edertalsperre im Kreis Waldeck wurde 1909 bis 1914 gebaut. Die Staumauer ist 400 Meter lang und 48 Meter hoch. Der so entstandene Edersee, ein Feriengebiet ohnegleichen, ist 27 Kilometer lang. Burg Waldeck gilt als eine der größten und schönsten in Deutschland (12. Jahrhundert). Die Siedlung unterhalb des Burgbergs nannte sich nach der Burg. Sie ist seit 1232 Stadt und hat heute 6000 Einwohner. Der Stolz Frankenbergs am nördlichsten Rand des Burgwalds ist das städtische Rathaus mit neun Schiefertürmen und Fachwerkfassade (1509).

Edertalsperre in the district of Waldeck was built between 1909 and 1914. The resulting Edersee lake, a holiday resort without equal, is 27 kilometers long. Waldeck Castle is considered to be one of the largest and most beautiful in Germany (12th century). The settlement beneath the mountain is named after the castle. It has been a town since 1232 and now has a population of 6,000. The pride of Frankenberg on the northern edge of the castle forest is the municipal town hall with its nine slate towers and framework facade (1509).

Le barrage d'Edertal près de Waldeck a été construit de 1909 à 1914. Le mur de barrage est long de 400 mètres et haut de 48 mètres. Le lac artificiel dit Edersee, long de 27 km, est un endroit de villégiature incomparable. Le château de Waldeck est un des plus grands et des plus beaux d'Allemagne (12e s). Le village qui se développa à ses pieds prit son nom. Devenue ville en 1232, l'agglomération compte aujourd'hui 6000 habitants. La fierté de Frankenberg, située à la lisière nord de la forêt dite Burgwald, est l'Hôtel de Ville avec ses neuf tours d'ardoise et sa façade à colombages (1509).

Bad Wildungen im Landkreis Waldeck-Frankenberg hat zwei Gesichter: die Altstadt und das
Kurviertel mit modernen Kliniken und Sanato-
rien. Die Stadt am Rand des Kellerwalds (als
Nieder-Wildungen mit Stadtrechten seit 1242)
hat sich Züge einer mittelalterlichen kleinen
Residenzstadt (der Grafen von Waldeck)
bewahrt. In der Stadtkirche ist ein Kunstwerk
zu besichtigen: ein Flügelaltar des westfäli-
schen Meisters Konrad von Soest. Ein Sauerbrunnen vor der Stadt ist seit dem 14. Jahrhundert bekannt.

Bad Wildungen in the district of Waldeck-Frankenberg has two faces: the old part of town
and the spa quarter with modern clinics and
sanatoriums. The town on the edge of the Kellerwald (renamed Nieder-Wildungen in 1242
and given a town charter) has retained charac-
teristics of a small Medieval royal seat (counts
of Waldeck). A work of art can be seen in the
municipal church a winged altar by the West-
phalian master Konrad von Soest. An acidic
spring outside the town has been known since
the 14th century.

Bad Wildungen, située dans le département de
Waldeck-Frankenberg, présente deux physio-
nomies: la vieille ville et le quartier des thermes avec des cliniques et des sanatoriums
modernes. La ville à la lisière du Kellerwald
(appelée Nieder-Wildungen avec les droits
d'une ville à partir de 1242) a conservé la physionomie d'une petite ville de résidence
médiévale (celle des comtes de Waldeck). Son
église renferme une oeuvre d'art: un tryptique
de Konrad von Soest, peintre de Wesphalie. La
source d'eau gazeuse devant la ville est connue depuis le 14e siècle.

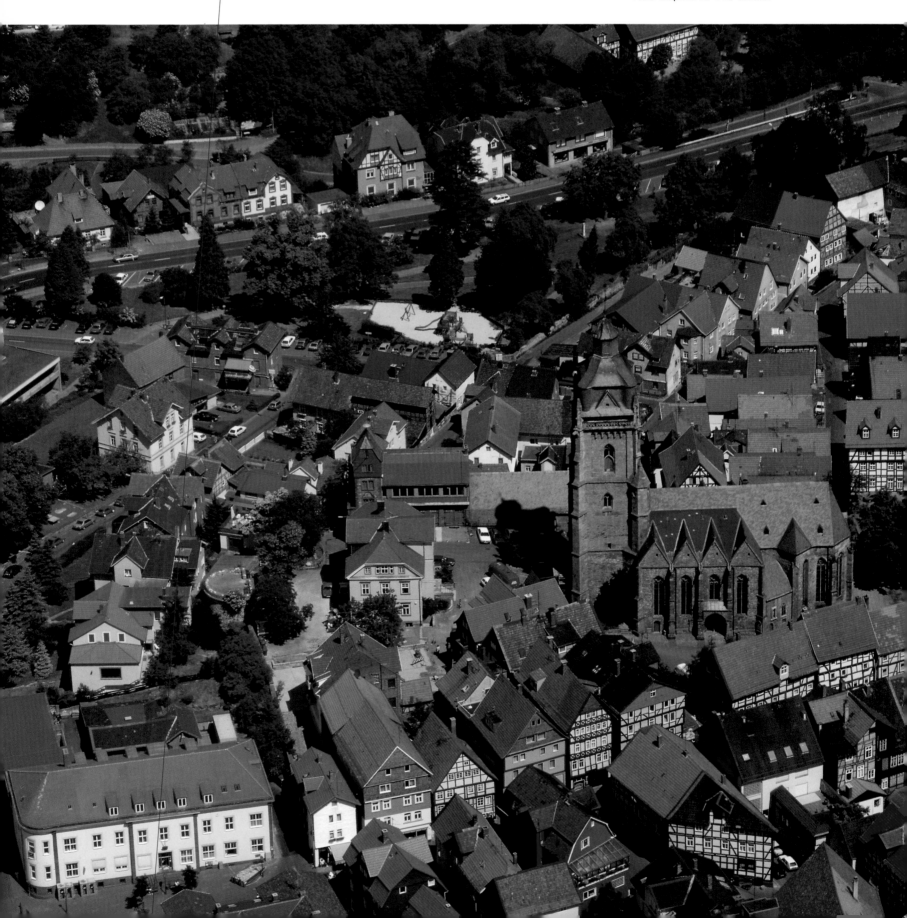

Die Kur im Hessischen Staatsbad Wildungen geht auf den Sauerbrunnen am Stadtrand zurück sowie auf eine im 19. Jahrhundert wiederentdeckte Königsquelle aus vorgeschichtlicher Zeit. Bad Wildungen wurde mit seinen Mineralquellen (Heilanzeige: Nieren- und Blasenleiden, Stoffwechselerkrankungen, Herz- und Kreislaufstörungen) weltbekannt. Der Heilwasserversand bewältigt jährlich 2,5 Millionen Flaschen. Mittelpunkt des Heilbads ist das Neue Kurhaus. Das Foyer mit Goldenem Brunnen ist eine Sehenswürdigkeit.

The treatment in the Hessian state spa of Windingen is based on the acidic spring on the outskirts of town as well as on another spring, Königsquelle, which dates back to prehistoric times and was rediscovered in the 19th century. Bad Wildungen and its mineral springs are internationally known (treatment for kidney and bladder ailments, metabolic illnesses, heart and circulation problems). The volume of mineral water taken from the springs amounts to 2.5 million bottles a year. The center of the health resort is the new spa building. The foyer with the Golden Fountain is worth seeing.

La source d'eau gazeuse aux confins de la cité et une source royale redécouverte au 19e siècle ont fait de Bad Wildungen une ville d'eaux connue dans le monde entier où sont traités les maladies de l'appareil urinaire, les troubles cardiaques, ceux de la circulation et du métabolisme. 2, 5 millions de bouteilles d'eau minérale y sont produites chaque année. Le nouvel établissement thermal domine le centre de cure. Sa salle d'accueil où se dresse une fontaine dorée est une curiosité intéressante.

Die Stadt Korbach zwischen Edersee und Die-melsee besteht aus einer alten und einer neuen Stadt, die sich allerdings schon 1377 vereint haben. Die gotische Nikolaikirche mit Fürstengrab ist ein Beispiel für die Stiltradition hessischer Kirchen. Trendelburg ist eine kleine Stadt mit Pfarrkirche aus dem 15. Jahrhundert sowie eine romantische Burg am Flüßchen Diemel. Die Stadt ist der Burg wie ein Bollwerk vorgelagert, die Burg zum Hotel umgebaut.

The town of Korbach, between the Edersee and Diemelsee, consists of an old and a new district which were joined as early as 1377. The Gothic Nikolaikirche with a prince's tomb is an example of the traditional style of Hessian churches. Trendelburg is a town with a parish church dating back to the 15th century (right) and a romantic castle (left) on the Diemel rivu-let. The town is situated in front of the castle like a bulwark, and the castle has been conver-ted to a hotel.

Korbach, située entre les lacs dits Edersee et Diemelsee, comprend une partie ancienne et nouvelle qui sont toutefois réunies depuis 1377. L'église gothique Saint-Nicholas abrite des tombeaux de comtes et est un exemple typiques d'églises en Hesse. Trendelburg, une petite ville située sur une rive de la rivière Die-mel, possède une église paroissiale du 15e siècle (à droite sur la photo) et un château romantique (à gauche sur la photo). La ville se dresse comme un bastion devant le château transformé en hôtel.

Das Fürstliche Residenzschloß im Luftkurort Arolsen verbürgt die jüngste Vergangenheit der Gemeinde als Hauptstadt des Freistaats Waldeck – bis 1926. Die Anfänge der Siedlung gehen auf einen Herrenhof und ein Kloster zurück. Die Stadt wurde zu Beginn des 18. Jahrhunderts planmäßig angelegt – zur gleichen Zeit und gleichsam als festliche Auffahrtsallee für das Barockschloß. Geplant waren zwei symmetrische Stadthälften mit der Hauptstraße als Achse im rechten Winkel zur Achse des Schlosses. Gebaut wurde aber nur eine Stadthälfte.

The Royal Castle in the fresh-air health resort of Arolsen reveals the town's most recent past as the capital of the Free State of Waldeck – until 1926. The origins of the settlement go back to a manor and a monastery. In the early 18th century, the city was laid out according to a plan: it was also to form a magnificent approach to the Baroque castle. Two symmetrical halves were planned, with the main street between them positioned at right angles to the castle. However, only one half of the town was built.

Le château princier de la station climatique d'Arolsen rappelle le passé récent de la commune qui fut la ville principale de l'Etat libre de Waldeck jusqu'en 1926. Les origines de la cité remontent à une cour seigneuriale et à un cloître. Au début du 18e siècle, la ville fut conçue pour servir d'allée d'honneur au château baroque. Elle devait comprendre deux moitiés symétriques avec une rue principale comme axe en angle droit dans l'axe du château. Une seulement fut construite.

Als den Grafen von Waldeck die Reichsfürstenwürde zufiel, sahen sie sich zu größeren Anstrengungen der Repräsentationen veranlaßt. Und da zu Beginn des Jahrhunderts jeder Fürst im Land seine Ansprüche am Vorbild von Versailles maß, gab auch Friedrich Anton Ulrich seinem Baumeister die entsprechenden architektonischen Anweisungen. Im Grundriß wiederholt sich das Versailler Modell. Das Hauptgebäude mit bemerkenswertem Mittelbau umgibt mit zwei Seitenflügeln einen nach Süden offenen Ehrenhof. Das Schloß ist heute ein Hotel.

When the counts of Waldeck were raised to the rank of prince, they felt compelled to make every effort to represent themselves. Since, at the beginning of the century, each ruler measured his worth against the example of Versailles, this was also reflected in the architectural instructions Friedrich Anton Ulrich gave his master builder. The ground plan is a copy of Versailles. The main building, with its remarkable central structure, has two side wings surrounding a formal courtyard which is open to the south. Today, the castle is a hotel.

Les comtes de Waldeck se virent obligés de faire de plus grands efforts de représentation quand ils obtinrent le titre de princes d'Empire. Et comme c'était l'époque où chaque prince dans le pays prenait Versailles comme modèle, Friedrich Anton Ulrich ordonna à son architecte de suivre la même voie. Le plan du château ressemble à celui de Versailles. Le bâtiment principal à la façade impressionnante flanquée de deux ailes de chaque côté entoure une cour d'honneur ouverte vers le sud. Le château est aujourd'hui un hôtel.

Die Stadt Fritzlar auf einer Terrasse über der Eder ist Höhepunkt jeder Reise durch Hessen. Der Bummel durch die Altstadt rund um den Marktplatz (Bild mit Rolandsbrunnen; mittleres Haus im Hintergrund: Gildehaus der Michaelsbruderschaft) ist ein Blick ins Mittelalter. Das alte Fritzlar war eine stark befestigte Stadt des Erzbischofs von Mainz. Die zwei Kilometer lange Verteidigungsmauer mit zehn Wehrtürmen ist teilweise erhalten (Bild: Bleichturm; über den Dächern: Türme des Doms St. Peter).

The town of Fritzlar on a terrace above the Eder is the high point of any trip through Hesse. A stroll through the old part of town and around the marketplace (photo with Roland Fountain, central house in the background: guild headquarters of the Brotherhood of St. Michael) is a look into the Middle Ages. The old Fritzlar was a heavily fortified town of the Archbishop of Mainz. The two-kilometer defence wall with ten fortified towers has been partially preserved (photo: Bleichenturm; over the rooftops: towers of the Cathedral of St. Peter).

La ville de Fritzlar qui domine la rivière Eder est une des plus jolies excursions de Hesse. Une promenade dans la vieille ville groupée autour de la place du marché transporte le visiteur à l'époque médiévale (photo avec la fontaine de Roland; la maison du milieu à l'arrière-plan est la Gildehaus de la corporation Michael). Le vieux Fritzlar était une ville fortifiée des archevêques de Mayence. Les murailles longues de deux kilomètres et coupées de dix tours de guet sont en partie conservées (sur la photo: la tour Bleichen, au-dessus des toits: les tours de la basilique Saint-Pierre).

Schwalmstadt ist der gemeinsame neue Name der vereinten Städte Ziegenhain und Treysa im Verbund mit weiteren elf Nachbargemeinden (insgesamt rund 19 000 Einwohner). Das alte Ziegenhain an der Kreuzung zweier wichtiger Handelsstraßen („durch die langen Hessen") entstand im Schutz einer Wasserburg (um 900), Vorgängerin einer 1807 geschleiften Festungsanlage. Das Schloß ist seit 1842 Strafanstalt. Eine Besichtigung ist nicht möglich. Im rechten Bild die neue Schnellbahntrasse bei Melsungen.

Schwalmstadt is the new collective name of the unified towns of Ziegenhain and Treysa in association with eleven other neighboring communities (total population of approximately 19,000). Old Ziegenhain, positioned at the intersection of two important trade routes ("through long Hesse") was constructed to protect a castle (around 900) and is the predecessor of a fortress complex which was torn down in 1807. The castle was converted to a prison in 1842. It is not open to the public. Bottom: railroad bridge (rapid transit route) near Melsungen.

Schwalmstadt est le nouveau nom des deux villes réunies de Ziegenhain et de Treysa auxquelles se sont jointes onze communes (19 000 habitants en tout). L'ancienne Ziegenhain qui était au carrefour de deux routes commerçantes importantes, fut bâtie sous les murs d'un château datant de l'an 900 qui précéda une forteresse restaurée en 1807. Le château est une prison depuis 1842 et ne peut être visité. En dessous: pont de chemin de fer près de Melsungen.

Die Innenstadt von Melsungen im Talgrund der Fulda mit Rathaus von 1556 (im Bild unten), Pfarrkirche von 1415 bis 1425 und der fünfbogigen Steinbrücke von 1595 ist ein überwältigendes mittelalterlich anmutendes Fachwerkfassadenparadies. Die Bedeutung des alten Melsungen wurde von den vier Handelsstraßen bestimmt, die auf dem Marktplatz zusammenliefen: Kasseler und Rotenburger, Fritzlarer und Brückenstraße (nach Sooden-Allendorf). Melsungen ist heute Kreisstadt und Luftkurort im hessischen Mittelgebirge.

The center of Melsungen, situated at the bottom of the Fulda Valley, with town hall dating back to 1556 (lower right), parish church built between 1415 and 1425 and the five-arch stone bridge constructed in 1595 is an overwhelming and charming Medieval paradise of framework facades. The significance of old Melsungen derived from the four trade routes which converged on the marketplace: Kasseler and Hohenberger, Fritzlarer and Brückenstraße (to Sooden-Allendorf). The town is now the district seat and a fresh-air health resort in the low mountains of Hesse.

Melsungen s'étend dans la vallée de la Fulda. Son centre ville avec l'Hôtel de Ville de 1556 (en bas à droite sur la photo), l'église paroissiale construite entre 1415 et 1425, le pont de cinq arches de 1595 et les admirables demeures à colombages, offre une image médiévale impressionnante. Quatre routes commerçantes qui débouchaient sur la place du Marché, assuraient la prospérité de la ville. Elles s'appelaient les routes de Cassel, de Rothenburg, de Fritzlar et la route du Pont qui partait vers Sooden-Allendorf. Melsungen est aujourd'hui chef-lieu et station climatique dans les montagnes moyennes hessoises.

Stadt und Burg Spangenberg sind, wahrscheinlich in Abhängigkeit voneinander, zu Beginn des 13. Jahrhunderts entstanden. Die Burg auf einem Kalkschieferkegel war ein Jagdschloß der hessischen Landgrafen. 1945 brannte das Schloß nieder, wurde vom Land Hessen in ursprünglicher Gestalt wiederaufgebaut, im Inneren ein Hotel eingerichtet. Homberg an der Efze, Luftkurort und Stadt mit viel Vergangenheit, kauert sich mit Altstadt und „Freiheit", mit Stadtmauer, Wehrgang und Wehrtürmen an den Schloßberg. Die Burg ist nur noch eine Ruine.

The town and castle of Spangenberg were built in the early 13th century, probably as a result of one another. The castle, situated on a shale peak, was a hunting castle for the Hessian landgraves. In 1945, the castle burned to the ground and was restored to its original form by the State of Hesse; the interior contains a hotel. Homberg an der Efze, fresh-air health resort and city with a vibrant past, clings to the mountain along with its old section, town wall, battlements and fortified towers. Today, the castle is in ruins.

La ville et le château de Spangenberg ont été fondés ensemble au début du 13e siècle. Le château bâti sur un rocher de calcaire et d'ardoise était un pavillon de chasse des landgraves de Hesse. Il brûla en 1945, fut reconstruit dans son aspect d'origine par le land de Hesse et abrite aujourd'hui un hôtel. Homberg an der Efze, station climatique et ville au passé historique, se niche avec sa vieille ville, ses murs d'enceinte, son chemin de ronde et ses tours de guet contre la colline où se dressait le château qui n'est plus qu'une ruine aujourd'hui.

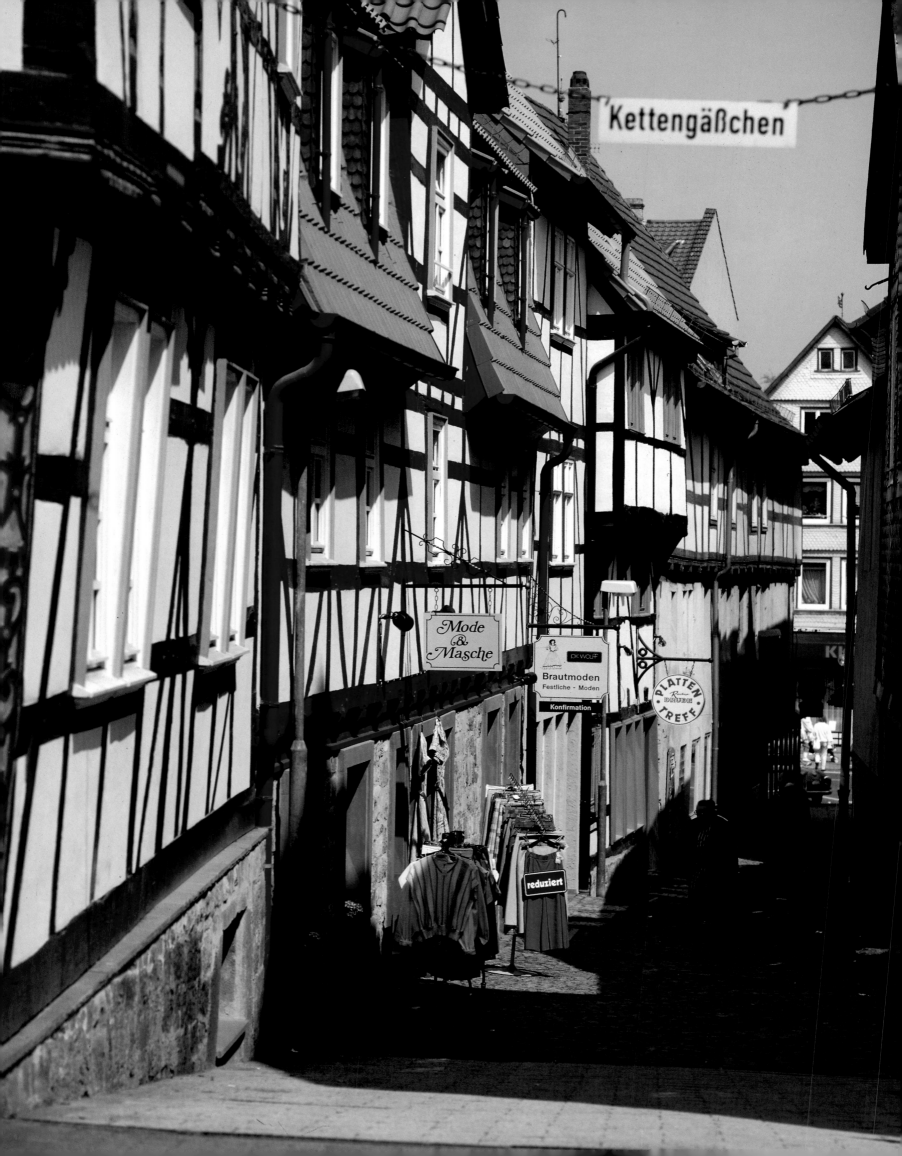

Bad Hersfeld im Fuldatal ist eine Kreisstadt mit drei verschiedenen Aspekten: Die Fachwerkstadt mit engen Gassen und Einkaufsstraßen innerhalb des Altstadtrings ist die Behördenstadt mit Ämtern und Fußgängerzone. Getrennt davon liegt das Kurviertel mit Kurhaus und Kurpark. Bad Hersfeld ist Hessisches Staatsbad mit Glaubersalzquellen. In dritter Bedeutung ist Hersfeld eine Festspielstadt. Symbol und Schauplatz der Spiele im Juni ist die Stiftsruine, eine großartig angelegte romanische Kirchenruine.

Bad Hersfeld in the Fulda Valley is a district capital with three different faces: the framework buildings with narrow alleys and a shopping district within the old center of town form the administrative center with government offices and a pedestrian zone. Also, there is the separate spa quarter with spa building and gardens. Bad Hersfeld is a Hessian State spa with Glauber's salt mineral springs. The third face of Hersfeld reveals a festival town. The symbol and site of the July festival is the Stiftsruine, the ruins of a magnificent Romanesque church.

Bad Hersfeld dans la vallée de la Fulda est un chef-lieu qui présente trois aspects différents. La vieille ville aux maisons à colombages, aux ruelles étroites et aux rues commerçantes comprend le centre administratif et les zones piétonnières. Les établissements thermaux alimentés par des sources renfermant des sels de sulfate neutre de sodium et le parc forment un quartier à part. En dernier lieu, Hersfeld est une ville de festival. Les vestiges grandioses de style roman de l'église collégiale servent de cadre aux manifestations culturelles qui se déroulent chaque année en juillet.

Die Wasserburg Friedewald in Waldhessen galt lange als uneinnehmbar. Die hessischen Landgrafen besaßen zuvor in Seulingswald eine Burg. An ihrer Stelle schuf der Festungsbaumeister Hans Jakob von Ettlingen eine quadratische Wasserfestung mit vier starken Eckbastionen (1476 bis 1487), wobei er den Zweck der Wehrhaftigkeit mit ästhetischen Formen der Renaissance in Einklang brachte. Die Wasserburg überdauerte drei Jahrhunderte, wurde im Siebenjährigen Krieg von Franzosen zerstört. Heimatmuseum im Marstall.

The Friedewald Wasserburg in Waldhessen was long considered to be impenetrable, Before it was built, the Hessian landgraves owned a castle in Seulingswald. In its place, the master fortress builder, Hans Jakob von Ettlingen, constructed a square castle with four strong corner bastions (1476 to 1487); he harmonized the fortification function with aesthetic Renaissance shapes. The water-surrounded castle survived for three centuries, but was then destroyed by the French during the Thirty Years War. There is a museum of local history in the royal stables.

Le château entouré de douves de Friedewald fut imprenable pendant longtemps. Son histoire commence avec un fort qui appartenait aux landgraves hessois. Sur son emplacement, l'architecte Hans Jakob von Ettlingen construisit un château carré avec quatre bastions d'angle (1476-1487) dont il adoucit l'aspect de forteresse en y apportant des éléments esthétiques de style Renaissance. Le château traversa trois siècles sans dommages avant d'être détruit par les Français durant la guerre de Sept ans. Une de ses parties abrite un musée régional.

Rotenburg in Waldhessen liegt an beiden Seiten der Fulda: westlich die Altstadt, östlich die Neustadt. Die Gründungen erfolgten im 13. Jahrhundert. Alt sind sie heute beide und im Stadtbild gleich, weil sie in mittelalterlichen Feuersbrünsten und Kriegen mehrfach zerstört wurden. Die Stiftskirche in der Altstadt hat die Vernichtung überstanden, auch die Brandschatzung Rotenburgs im Dreißigjährigen Krieg. Die prachtvollen Fachwerkhäuser (folgende Doppelseite) stammen zumeist aus dem 17. Jahrhundert.

Rotenburg in Waldhessen lies on both sides of Fulda: the old part of town to the west and the new part to the east. The town was founded in the 13th century. The two sections of town are both old now and have the same appearance, for they were destroyed many times by fire and war during the Middle Ages. The collegiate church in the old part of town survived destruction as well as the pillaging of Rotenburg during the Thirty Years War. Most of the magnificent framework houses (following two pages) date back to the 17th century.

Rotenburg, fondée au 13e siècle, s'étend sur les deux rives de la Fulda: la Vieille-Ville est à l'ouest, la Nouvelle-Ville à l'est. Les deux parties sont aujourd'hui anciennes et se ressemblent car elles furent plusieurs fois détruites dans les incendies du moyen-âge et dans les différentes guerres. L'église collégiale, située dans la Vieille-Ville, a survécu à toutes les épreuves y compris les pillages de la ville durant la guerre de Trente Ans. Les magnifiques façades à colombages datent pour la plupart du 17e siècle (double page suivante).

Eschwege („Siedlung bei den Eschen am Wasser"), Kreisstadt und Industriestadt, sieht sich selbst als Wirtschaftszentrum Nordosthessens. Am Ufer der Werra (Foto) gibt es sich idyllisch, erinnert sich in selbstverliebter Fachwerkseligkeit an mehr als tausend Jahre Geschichte: Die Anfänge der Siedlung waren ein fränkischer Königshof und eine Benediktinerabtei, gegründet von einer Tochter der berühmten Kaiserin Theophano. Rund 200 Jahre später kamen die hessischen Landgrafen. Es gibt viel zu entdecken und zu bestaunen in Eschwege.

Eschwege (settlement among the ash-trees by the water), district seat and industrial city, regards itself as the economic center of northeastern Hesse. The bank of the Werra (photo) is an idyllic site, a reminder of more than a thousand years of history. The settlement began as a Frankish King's court and an abbey for Benedictine nuns, founded by the daughter of the famous Empress Theophano. The Hessian landgraves arrived around 200 years later. There are many things to discover and admire in Eschwege.

Eschwege, chef-lieu et ville industrielle, se voit comme le centre économique du nord-est de Hesse. Sur les bords de la Werra (photo), elle présente une image idyllique qui rappelle un passé vieux de mille ans. Une cour royale franque et un couvent de Bénédictines fondé par une fille de la célèbre impératrice Theophano sont les premières pages de son histoire. Deux cents ans plus tard, les landgraves hessois devenaient maîtres de la localité. Il y a beaucoup à découvrir et à admirer dans cette ville ancienne.

Bad Sooden-Allendorf zwischen den Ausläufern des Thüringer und Kaufunger Walds kommt über Brücken zu sich selbst. Die Werra trennt den Stadtteil Sooden mit Kurpark, Kurhaus, Kurverwaltung und Kurpromenade (Foto: Weinreihe) vom Stadtteil Allendorf mit Rathaus, Schwimmbad, Sporthalle und Kinderspielplätzen. Der Zusammenschluß (1929) gereicht beiden zum Vorteil. Das Heilbad (Indikation: Krankheiten der Atemwege, Rheuma, Entwicklungsstörungen im Kindesalter) erfreut seine Gäste mit dem reizvollen Anblick einer alten Stadt.

The two sections of Bad Sooden-Allendorf, situated between the ridges of the Thuringian and Kaufunger Forest are joined by bridges. The Werra separates the district of Sooden, with the spa gardens, spa building, administration complex and promenade (photo: Weinreihe) from the district of Allendorf, with the town hall, swimming pool, sports hall and children's playgrounds. The medicinal baths (treatment of respiratory diseases, rheumatism, childhood growth problems) delights its guests with a charming view of the old part of town.

Des ponts réunissent les deux parties de Bad Sooden-Allendorf qui s'étend entre les lisières des bois de Thuringe et de Kaufung. La Werra sépare le quartier de Sooden avec le parc, les établissements thermaux et la promenade (photo: vignes) du quartier Allendorf avec l'Hôtel de Ville, la piscine, le centre sportif et les aires de jeux d'enfants. La fusion effectuée en 1929 a été profitable aux deux communes. La station thermale où l'on vient soigner les maladies de l'appareil respiratoire, les rhumatismes et les troubles de la croissance, offre en plus à ses curistes le charme d'une ville ancienne.

Die Stadt Witzenhausen an der unteren Werra zwischen den Ausläufern des Kaufunger Walds, des Hohen Meißner und des Eichfelds verdankt seine Marktrechte (1225) dem Landgraf Ludwig IV. von Thüringen – Ehegemahl der heiligen Elisabeth. Die Stadt (8750 Einwohner; mit 16 eingemeindeten Dörfern, darunter der Kneippkurort Ziegenhagen: 18000) ist in der Vergangenheit durch Feuersbrünste zweimal vernichtet worden. Erhalten blieben die Liebfrauenkirche (13. bis 18. Jh.), Türme der Stadtbefestigung sowie einige bürgerliche Steinhäuser.

The town of Witzenhausen on the lower Werra, between the ridges of the Kaufunger Wald, Hoher Meißner and Eichfeld, owes its market rights (1225) to Landgrave Ludwig IV of Thuringia (husband of St. Elisabeth). The town (8,750 inhabitants; 16 incorporated villages, including the Kneipp spa of Ziegenhagen: 18,000) was destroyed by fire twice in the past. The Liebfrauenkirche (13th to 18th centuries), towers in the fortifications as well as several stone houses of the middle class have been preserved.

La ville de Witzenhausen qui s'étend sur la Werra inférieure entre les contreforts des bois de Kaufung, du Hohen Meissner et du Eichfelds, reçut le droit de tenir marché en 1225 du landgrave Ludwig IV von Thuringes, époux de Sainte Elisabeth. La ville (8500 habitants, 18 000 avec son agglomération de 16 villages dont la station de cures Kneipp Ziegenhagen) fut par feux fois entièrement incendiée. Seules l'église Notre-Dame bâtie entre les 13e et 18e siècles, des tours de l'enceinte fortifiée et quelques maisons bourgeoises en pierre survécurent aux dévastations.

Witzenhausen ist und nennt sich „Kirschenstadt". Zweimal, so lautet ein Witzenhausener Rat, lohnt der Besuch mehr als sonst im Jahr: zur Kirschenblüte und zur Kirschenernte. Im Frühjahr blühen im Werratal und in den Gärten rund um die Stadt 150 000 Kirschbäume – blühen vom Horizont bis in die Stadt hinein. Die Ernte im Juli wird mit einer Kirschenkirmes gefeiert – „Kesperkirmes" sagen die Einheimischen. Beim dem Altstadtfest auf dem Marktplatz wird das hübscheste Mädchen von Witzenhausen zur Kirschenkönigin gewählt.

Witzenhausen calls itself "city of cherries". According to Witzenhausen advice, there are two times of the year when a visit is most worthwhile: when the cherry trees are in bloom and when the cherries are harvested. In the spring, 150,000 cherry trees bloom in the Werra Valley and in the gardens surrounding the town. The harvest in July is celebrated with a cherry festival. During this festival, which takes place on the old marketplace, the prettiest girls in Witzenhausen are selected to be the Cherry Queens.

Witzenhausen est et se nomme une »ville de cerises«. Selon un conseil des habitants, il faut venir visiter la localité deux fois dans l'année: quand les cerisiers sont en fleurs et à la récolte des fruits. Au printemps, 150 000 cerisiers fleurissent dans la vallée de la Werra et dans les jardins autour de la ville. On ne voit qu'une mer de fleurs depuis l'horizon jusque dans Witzenhausen. La kermesse des cerises en juillet célèbre le temps de la récolte. La plus jolie fille de la ville est couronnée reine des cerises au cours de la fête qui se déroule sur la place du Marché dans la vieille ville.

Die Löwenburg ist ein Anachronismus. Sie liegt im Park Wilhelmshöhe dem Herkules (Wahrzeichen von Kassel) schräg gegenüber, jedenfalls oberhalb von Schloß Wilhelmshöhe. Das monumentale Bauwerk aus weichem Tuffstein wurde als Ruine geschaffen. Das brüchige Mauerwerk mit Rundtürmen, Bergfried, Wohnturm und Kapelle war eine Fluchtburg des Landgrafen vor den Wirren des geistigen und gesellschaftlichen Wandels gegen Ende des 18. Jahrhunderts ins museale Abbild absolutistischer' Herrschaftsordnung. In der Kapelle ist er beigesetzt.

The Löwenburg castle is an anachronism. It lies in the Wilhelmshöhe Park, opposite the statue of Hercules (the symbol of Kassel), but above Wilhelmshöhe Castle. The monumental building was constructed of soft tufa in the form of ruins. The brittle stone structure, with round towers, keep, residential tower and chapel was a place where the landgrave could take refuge from the chaos of spiritual and social change in the late 18th century; where he could find a museum-like reflection of the absolute power hierarchy. The landgrave is buried in the chapel.

Le château du Löwenburg est un anachronisme. Il se dresse dans le parc de Wilhelmshöhe en face de la statue d'Hercule et au-dessus du château de Wilhelmshöhe. L'édifice monumental construit en tuf poreux ressembla très vite à une ruine. Le château, image périmée du pouvoir absolu, était le refuge du prince-électeur Guillaume Ier qui fuyait les troubles de la société changeante de la fin du 18e siècle. Il y est enterré dans la chapelle.

Die 250 Meter lange Kaskadentreppe (885 Stufen), überragt von dem Oktogon mit einem mehr als neun Meter hohen Farnesischen Herkules endet am sehr dekorativen Neptunsbrunnen. Die Fortsetzung war bis zum Schloßteich mit der barocken Wasserkunst gedacht, abschließende Kulisse die hintere Schloßfassade. Vollendet wurde nur ein Drittel der Konzeption. Das barocke Gesamtkunstwerk ist ohne Beispiel für die Demonstration des harmonischen Zusammenspiels von Architektur und gestalteter Landschaft.

The 250 meter cascade (885 levels) projects above the octagon, with a Farnesian Hercules, over nine meters tall, and terminates in an extremely decorative Neptune Fountain. It was to be continued all the way to the castle pond with its Baroque water gardens and the rear castle facade as a backdrop. However, only one-third of the designs was completed. The Baroque water gardens are unequaled as a demonstration of the harmonic interaction between architecture and landscaping.

La cascade longue de 250 mètres qui forme un escalier géant de 885 marches est dominée par un octogone couronné d'un Hercule Farnèse de plus de neuf mètres de hauteur et se termine à la très jolie fontaine de Neptune. L'ensemble aurait dû être aménagé jusqu'à l'étang du château pour former une coulisse grandiose à la façade arrière du château. Seulement un tiers du concept fut réalisé. L'oeuvre d'art baroque démontre toutefois à la perfection l'harmonie qui peut exister entre l'architecture et la nature.

Die Karlsaue ist ein barocker Landschaftspark zwischen der Stadt Kassel und der Fulda. Die großzügige Gartenanlage mit Orangerie, Springbrunnen und fächerförmig angeordneten Parkwegen veranschaulicht abermals das Programm absolutistischer Landschaftsgestaltung. Die Natur wurde einem konzeptionellen Schema unterworfen und in geometrische Formen gezwängt. Der Plan versinnbildlicht den Triumph des gestalterischen Willens über das Chaos. Die Orangerie ist heute in die Kunstausstellung "dokumenta" einbezogen.

Karlsaue is a Baroque park between the town of Kassel and the Fulda river. The extensive garden complex with orangery, fountains and paths laid out like a fan once again demonstrates the regiment of formal landscaping. Nature was subjected to a conceptual design and forced into geometric shapes. The plan represents the triumph of the creative will over chaos. Today, the orangery is included in the art exhibition „Dokumenta".

La Karlsaue est un vaste site aménagé dans le style baroque, situé entre Kassel et la rivière Fulda. Les vastes jardins avec l'Orangerie, des fontaines et des allées disposées en éventail révèlent comment un paysage peut être architecturé jusque dans le moindre détail. Une conception rigoureuse força la nature dans des lignes géométriques. Le plan symbolise le triomphe de la volonté créatrice sur le chaos. L'Orangerie sert également aujourd'hui à l'exposition d'art »Documenta«.

Das Projekt der Karlsaue in Kassel wurde im ganzen Umfang nie vollendet. Die Voraue dient als Sportgelände „Hessische Kampfbahn". Den Barockpark hat man englischen Gartenformen angepaßt (schon im 18. Jh.).

Folgende Doppelseite: Die kleine Stadt Wolfhagen über dem Tal der Duse geht auf eine Siedlung bei einer Wasserburg aus dem 13. Jahrhundert zurück. Wahrzeichen ist die Stadtkirche St. Anna mit markantem quadratischen Westturm.

The full scope of the Karlsaue project was never completed. The front meadow is used as an athletic field for the "Hessian Sports Arena". The Baroque park was patterned after an English garden (as early as the 18th century).
Following two pages: the town of Wolfhagen, situated above Tal der Duse, goes back to a 13th century settlement near a castle. Its symbol is the municipal church of St. Anna, with its prominent, square western tower.

Le projet de la Karlsaue ne fut jamais entièrement terminé. La partie appelée Voraue sert de terrain de sport. Dès le 18e siècle, le parc baroque était aménagé selon un style de jardin à l'anglaise.
Double page suivante: les origines de la petite ville de Wolfhagen au-dessus de la vallée de la Duse remontent une localité fondée au 13e siècle près d'un château féodal. La commune est dominée par l'église paroissiale Ste-Anne flanquée d'une impressionnante tour carrée sur le côté ouest.

Grebenstein im Essetal zu Füßen einer landgräflich-hessischen Burgruine war seit Gründung der Burg (13. Jahrhundert) im Besitz der Landgrafen. Die Stadt war stark befestigt. Von 13 Wehrtürmen sind fünf erhalten. Die Stadtkirche stammt aus dem 14. Jahrhundert, das Turmobergeschoß aus dem 15. und die Turmhaube aus dem 16. Jahrhundert. Die Stadt ist reich an Fachwerkbauten mit Schnitzereien und Sinnsprüchen. Im Ort gibt es noch einige gotische Steinhäuser. Im spätgotischen Diemelhaus: Ackerbürgermuseum.

Grebenstein in Essetal, at the foot of the ruins of a Hessian landgrave's castle, was owned by the landgraves since the fortress was founded (13th century). The town was heavily fortified. Five of the 13 fortified towers have been preserved. The municipal church dates back to the 14th century; the upper floor of the tower was built in the 15th century and the turret in the 16th century. The city is rich in framework buildings with carved trim and inscriptions, and there are still a number of Gothic stone houses. The late Gothic Diemelhaus now contains the Ackerbürger Museum.

Grebenstein, située dans la vallée de l'Esse, s'étend aux pieds des vestiges d'un fort et devint la propriété des landgraves hessois dès la création du château au 13e siècle. La ville fortifiée avait 13 tours de guet dont cinq existent encore. L'église paroissiale date du 13e siècle, l'étage supérieur a été construit au 15e et le clocher au 16e siècle. La ville est riche en maisons à colombages ornées de sculptures en bois et de proverbes gravés. Elle renferme encore quelques demeures en pierre de style gothique. L'une d'elles abrite le musée d'Akkerbürger.

Die Sababurg im Reinhardswald war eine Grenzfestung des Mainzer Erzbischofs und ist im 15. Jahrhundert verfallen. Das Steinerne Haus und die Türme ließen die Landgrafen von Hessen-Kassel als Jagdschloß bauen. Erst jetzt bürgerte sich der Name ein – nach einer Sagengestalt. Die Brüder Grimm haben die Sababurg als Dornröschenschloß bezeichnet. Die Burg ist heute ein Hotel, Restaurant, Jagdmuseum und Mittelpunkt eines der reichsten und schönsten Tierparks in Europa.

Sababurg in the Rheinhardswald was a border fortress of the Archbishop of Mainz, and it fell into disrepair in the 15th century. The landgraves of Hesse-Kassel commissioned the Stone House and the towers for use as a hunting castle. The name has become known only in more recent times as a result of a mythical figure. The Brothers Grimm described Sababurg in their story about Sleeping Beauty. Today, the castle is a hotel, restaurant, hunting museum and the center of the most extensive and beautiful zoo in Europe.

Le château de Sababurg, situé dans le Reinhardswald, était une forteresse qui défendait les frontières de l'archevêché de Mayence. Il tomba en ruines au 15e siècle et fut plus tard reconstruit par les landgraves de Hessen-Kassel pour servir de pavillon de chasse. Son nom actuel est assez récent et découle d'un personnage de contes de fées. Les frères Grimm choisirent le château comme scène de l'histoire de la Belle au bois dormant. Il est aujourd'hui un hôtel, un restaurant, un musée de chasse et le centre d'un des plus beaux parcs zoologiques d'Europe.

Im Wald der Rotkäppchen hält die Zeit den Atem an. Der Reinhardswald im Norden des hessischen Berglands, ein Höhenzug aus Buntsandstein und Basaltkuppen, erinnert mit seinen legendären, fast 1000 Jahre alten Eichen an die Jagdreviere der Chatten. Im Naturpark Reinhardswald zwischen der Sababurg und Beberbeck gehen die Zeiger der Uhren sogar rückwärts. Da ist ungefähr ein Quadratkilometer Urwald sich selbst überlassen. Im Wildpark der Sababurg ist die Rückzüchtung ausgestorbener Tiere der germanischen Wälder gelungen: Wisente, Auerochsen, Urwildpferde.

Time seems to be standing still in Little Red Riding Hood's forest. The Reinhard Forest in the northern part of the Hessian mountain region, a mountain chain of Bunter sandstone and basalt ridges, with its legendary oaks which have been standing for almost 1,000 years, is reminiscent of the Chatten hunting grounds. About one square kilometer of virgin forest has been left untouched, and in the Sababurg game preserve it has been possible to re-introduce extinct animals of the Germanic forests, such as the wisent, the aurochs and the once-indigenous wild horse.

Le temps a arrêté sa course dans la forêt du petit Chaperon rouge. Le Reinhardswald s'étend au nord des paysages montagneux hessois. Ses fameux chênes millénaires rappellent qu'il fut le territoire de chasse de la tribu des Chattes. L'heure a même reculé dans le parc naturel du Reinhardswald entre le Sababurg et Beberbeck. Une forêt vierge y croît sur un kilomètre carré. Dans la réserve d'animaux sauvages de Sababurg, on est parvenu à réintroduire des espèces disparues qui vivaient autrefois dans les forêts germaniques: des bisons, des aurochs, des chevaux sauvages.

BILDNACHWEIS / mention of sources used / indication de la source

Werner Otto	Seiten:	65, 69 (1 u. r.), 71, 72, 73, 74, 76/77, 80, 81, 88, 92, 99, 104, 106, 107, 109, 111, 112, 116, 117, 118, 122, 123, 125, 127, 128, 130, 136, 144, 146, 147, 151, 153, 155, 159, 162, 163, 164/165,166, 167, 169, 174, 176, 177, 178/179, 180, 182/183, 185, 190, 192
Karl Kinne		Titelbild, 49, 50, 51, 52/53, 54, 55, 56, 57, 58,59, 60, 61, 62, 63, 64, 66/67, 68, 69 (3), 75, 78, 84, 86, 102, 113, 145, 149
Deutsche Luftbild W. Seelmann & Co. GmbH Fotos: Bernhard Lisson		70, 115, 126, 129, 148, 150, 154, 160, 161, 168, 170, 171, 172/173, 184, 188/189
Joh. Philipp Gottschalk		82, 83, 87, 95, 96, 98, 108, 119, 121, 152, 158, 191
Anton Kaiser		131, 132/133, 137, 138, 139, 175, Rücktitelbild
Stuttgarter Luftbild Elsässer GmbH		140/141, 142, 156/157, 186/187,
Horst Ziethen		89, 93, 97, 100/101,
BA Werner Neumeister		91, 134, 143,
Fotostudio Paul Förster		110, 114,
BA Helga Lade, Frankfurt		124, 181,
Toni Schneiders		85, 135,
Marco Schneiders		120,
BA Huber, Garmisch		90,
Adam Opel AG		94,
Edmund von König Verlag		79,
BA Kinkelin		103,
Werner Müller		105,

Die Panoramakarte auf dem vorderen Vorsatz stammt aus der Deutschland-Panoramakarte von C. Berann und mit Genehmigung von Maiers Geographischen Verlag.

Die historische Karte auf den Nachsatzseiten stammt aus dem Archiv Horst Ziethen Verlag, Köln.